# 부의 거울

40년
경제학자가
전하는
삶과 투자의
지혜

부의 거울

김영익 지음

한스미디어

# 우리 시대 부의 거장들이
# 《부의 거울》에 전하는 진정 어린 찬사!

홍춘욱·프리즘투자자문 대표, 《돈의 역사》 저자

공화당 트럼프 후보가 미국의 47대 대통령으로 선출되는 것을 보면서 2018년, 모 증권사에서 리서치 팀장으로 일하던 시절이 기억났다. 이때 나는 한참 잘나가고 있었다. 모 언론사로부터 '가장 신뢰받는 애널리스트 상'을 수상할 정도였으니, 자신감에 넘쳤다.

그러나 2018년은 잊고 싶은 일의 연속이었다. 3월 트럼프 대통령이 대(對)중국 철강 관세를 부과한 데 이어, 7월 6일부터 무역법 301조에 따른 대중 보복 관세를 약 340억 달러 상당의 제품에 대해 부과한 것 때문이다. 이윽고 9월 24일에는 총액 2,000억 달러 상당의 제품에 대해 10%의 추가적인 보복 관세를 부과하기에 이르렀다.

미국의 대중 관세 부과는 한국 증시에 강한 충격을 주었다. 미국 시장이 막힌 중국 기업들이 다른 지역으로 저가 공세를 펼칠 가능성이 높은데다, 언제 한국 기업들도 제재의 대상이 될지 모른다는 공포가 부각되었기 때문이다. 더나아가 미 연준이 대중 관세 부과로 인플레 압력이 높아질 수 있다며 금리를 인상한 것도 문제가 되었다. 이때 트럼프 대통령은 파월 연준 의장을 탄핵하겠다고 을러대었고, 파월 의장은 대통령의 협박에도 굴하지 않고 연속적인 금리 인상을 단행함으로써 미국 증시마저 폭락하고 말았다. 불확실성이 부각되는 가운데 연준의 금리 인상이 겹치며 코스피지수는 2,000선이 무너지는 급락세를 보였고, 나 역시 심대한 타격을 받았다. 금융 시장에 미칠 충격, 그리고 인플레 위험 등을 감안할 때 미국이 대중 관세를 부과할 가능성은 매우 낮다고 보았기 때문이다. 이른바 '멘붕'이었다. 그리고 애널리스트 생활을 접고 재야로 나왔다. 그 후 지금까지 새롭게 공부하고 있다. 왜 내가 틀렸는지, 그리고 그때 어떻게 했어야 시장을 예측할 수 있었을지 되새겼다. 그런데 김영익 교수님의 새 책《부의 거울》에서 다음과 같은 대목을 보게 되었다.

> 라이스대학 에릭 데인 교수는 "전문가가 전문성과 경험이 깊어질수록 세상을 보는 특정한 방식에 더 쉽게 매몰된다"라고 경고한다. 전문가의 함정에서 벗어나려면 새로운 지식을 습득하는 학습만큼 이전에 내가 쌓아 올린 지식을 폐기하는 '폐기학습'이 필요하다는 것이다.

망치로 한 대 맞은 것 같았다. 내가 최고라는 자만, 그리고 새로운 정치 지형이 형성된 이유를 자세히 살피지 않은 태만함을 깨달았기 때문이다. 이 책을 강력하게 추천하는 이유가 여기에 있다. 지식을 끊임없이 쌓는 것만 중요한 게 아니라 잘 버릴 수 있어야 한다는 것, 그리고 성공뿐만 아니라 실패의 경험에서 배우기 위해 잘 돌이켜 볼 수 있어야 한다는 것을 느꼈기 때문이다.

이 책이 여러분의 투자를 갈고닦는 데 도움 되는 좋은 거울이 되기를 바라는 마음 간절하다. 끝으로 좋은 책을 써주신 김영익 교수님 그리고 출판사 분들에게도 감사하다는 말씀을 전한다.

김동환·삼프로TV 의장

경제가 좋지 않아서 장사가 안되고 좋은 직업이 줄어들고 주머니가 가벼워진다는 얘기를 한 지가 참 오래다. 그런데 초과잉 유동성의 시대라 하고, 돈을 주체할 수 없는 사람들은 수백억이 넘는 아파트를 경쟁적으로 사들인다. 미국 빅테크 기업의 주가는 천정부지인데 이른바 국장이라 불리는 코스피와 코스닥은 그저 파리하기만 하다. 방향을 잡기 힘들다. 이럴 땐 화려한 언변과 신박한 논리를 갖춘 신예의 말도 들어야겠지만 오랜 시장 관찰자의 담담한 이야기에도 주목할 필요가 있다. 우리 주식시장의 맏형 김영익 박사의 삶과 투자의 지혜를 함께해보기를 권한다.

박영옥(주식농부)·스마트인컴 대표이사, 《주식투자 절대원칙》 저자

오랜 시간 지켜본 김영익이라는 사람은 어렸을 적 읽었던 소설 《큰 바위 얼굴》의 주인공 어니스트와 닮아 있다. 평생을 복잡다단한 경제 지표와 씨름하고 투자의 최전선에서 살아왔지만 그가 지닌 본연의 심성과 삶의 철학을 잃지 않았기 때문이다. 이 책 《부의 거울》은 그가 살아온 인생에서 길어 올린 삶과 투자의 지혜가 오롯이 담겨 있어 읽는 내내 눈길을 뗄 수 없었다. 친구에게, 아들과 딸에게, 사랑하는 이와 함께 그의 이야기를 들어보기를 권한다.

오건영·신한은행 WM그룹 팀장, 《위기의 역사》 저자

저자는 2000년대 초부터 리서치 업계의 레전드였고, 지금도 존경받는 '전문가들의 전문가'이다. 이 책은 저자가 어떤 삶의 과정을 거쳐왔는지를 편안하게 그려주고 있다. 지식뿐 아니라 폭넓은 독서, 실전에서 쌓아올린 경험, 그리고 지속적인 성찰과 교훈, 이에 바탕한 미래 제안까지. 미래를 보며 나를 성찰하는 거울을 미리 만들고 싶다면 일독을 권한다.

박세익·체슬리투자자문 대표, 《투자의 본질》 저자

2020년 코로나 19 발발 전후로 많은 투자자가 경제적 자유를 이루기 위해 주식시장에 뛰어들었다. 대한민국 특유의 높은 교육열과 열정을 갖고 그들은 성공한 국내외 투자 대가들의 책을 읽고 동영상을 보며 학습했다. 하지만 4년이 지난 지금 대부분의 투자자는 목표와 반대로 가는 계좌 성과를 보며 좌절감을 느끼고 있다. 왜 안 되는 걸까? 이 책은 고난과 도전의 연속이었던 저자의 삶과 그 역경을 돌파해온 가치관과 원칙을 통해 우리가 성공하는 투자자가 되기 위해서는 어떤 삶의 자세를 먼저 갖춰야 하는지에 대한 묵직한 해답을 제시해주고 있다. 이 책이 독자들의 잘못된 투자 습관과 오염된 가치관을 비춰주고, 또 앞으로의 투자 여정을 밝게 비춰줄 찬란한 부의 거울이 되길 진심으로 바란다.

김한진·삼프로TV 이코노미스트, 《머니 스톰》 저자

《부의 거울》은 저자의 이전 명저와 그 결이 다르다. 경제와 자산시장이라는 세상 현상을 우리 내면의 깊은 곳으로 끌고 왔다는 강렬한 느낌을 받았다. 하지만 전혀 현학적이거나 추상적이지 않다. 오히려 너무 실용적이어서 지루할 틈이 없다. 명실공히 대한민국 최고 경제학자의 식견과 내공이 오롯이 녹아 있는 지혜서다. 물론 부를 대하는 태도와 철학에 머물지 않는다. 주식과 부동산 등 각 자산에 대한 접근법과 실전 지혜가 예리하게 펼쳐져 재미있고 유용하다. 보다 많은 독자에게 더욱 널리 읽히기를 소망한다.

# 과거를 비추어 미래의 부를 바라본다

• • •

미래를 예측하는 가장 좋은 방법은
미래를 아예 발명하는 것이다.

— 앨런 케이 —

영화 〈레옹〉의 OST로 잘 알려진 스팅의 〈셰이프 오브 마이 하트 Shape of My Heart〉에는 이런 가사가 나온다.

신성한 확률의 기하학 The sacred geometry of chance

개연적 결과의 숨은 법칙 The hidden law of a probable outcome

숫자들이 춤을 리드하네 The numbers lead a dance

포커든 홀덤이든 카드 게임은 수학이다. 덧셈과 뺄셈, 곱하기와 나누기, 즉 사칙연산이 기본이 돼 일어날 수 있는 개연성을 추적하는 게 게임의 핵심이다. 고등학교 때 배웠던 확률과 통계를 떠올리면 쉬울 것이다. 그런데 경제학도 수학, 즉 확률이다.

난 27년 동안 증권사 리서치센터에서 애널리스트로, 민간 경제연구소에서 이코노미스트로 일하며 이 확률을 점검하고 그 안에서 왈츠를 추는 숫자들이 밟는 미래의 스텝을 찾아내려고 노력했다. 모든 현상 뒤에는 법칙이 숨어 있다. 경제지표 뒤에도 신성한 확률의 기하학이 숨어 있다. 그 기하학이 전해주는 암호를 해독하고, 이를 매주 증권사에 배포하면서 평생을 살았다.

그러다가 2015년 모교인 서강대학교 경제학부와 경제대학원에서 제자들을 가르치라는 부름을 받았다. 대학이라는 배움터에서 책으로 경제 이론을 공부하는 학생들에게 현실에서 각종 경제지표가 춤추는 신성한 확률의 기하학을 접할 수 있게 해달라는 부탁이었다. 강단에서 불러주니 감사한 일이다.

과목 '거시경제지표 분석'을 개발해 18학기 중 한 학기도 빠지지 않고 제자들에게 강의했다. 통계청과 한국은행 등에서 발표하는 주요 경제지표가 어떻게 작성되고, 이런 지표들이 그간 이론으로 배웠던 경제학과 어떻게 연결되며, 나아가 지표들이 현재 경제 상황과 미래 경제의 향배를 어떻게 그리는지 보여주는 것이 이 과목의 목표다.

내 강의는 상아탑에만 갇혀 있지 않다. 한국금융연수원에서 '금융시장분석'이라는 과목을 열고 우리나라 대표적인 금융인들과 경제지표에 관한 다양한 의견을 나눠왔다. TV나 공중파 방송, 라디오 방송에 출연해 경제지표를 분석하고 주가 전망을 제시하는 일도 게을리하지 않았다.

2022년부터 뜻한 바가 있어 시작한 유튜브 〈김영익의 경제스쿨〉에서는 실시간으로 우리나라 경제와 세계 경제에 대한 중단기 예측을 업로드해 건전하고 건강하게 투자에 임하기 위해 경제를 공부하는 다양한 연령대의 구독자와 함께 호흡해왔다. 이 책은 이런 강의와 일련의 활동이 토대가 됐다.

투자는 인간의 역사와 함께 시작됐다. 시장과 경제, 투자가 있는 곳에 문명이 건설됐으며, 이익이 있는 곳에 자본이 몰렸다. 인간은 돌로 돈을 만들었고, 종이로 화폐를 만들기도 했다. 쓸모없는 것이 쓸모 있는 것이 되는 순간, 경제는 인류 문명을 견인했다.

인간은 전쟁으로 서로를 죽고 죽이는 와중에도 한쪽에서 무기를 팔았다. 인간은 천재지변으로 도시가 화산재에 파묻히고 땅이 갈라지고 물이 땅의 경계를 넘어 마을을 집어삼킬 때도 시장에 모여 재화를 유통했다. 그 모든 활동은 인간이 '호모 이코노미쿠스'로서의 운명을 타고난 대담한 활약이었다. 그 활약이 경제학을 낳았다.

기원전 1750년 무렵에 인류 최초의 성문법이라고 부르는 함무라비 법전에도 합법적인 투자의 경계를 정하고 있다. 서구에서 자리 잡은 근대적 시장경제 체제도 1602년 3월 20일 네덜란드 암스테르담에 주식 시장이 처음 생기면서 시작됐다고 해도 과언이 아니다. 네덜란드 동인도회사가 주식을 발행하려고 설립했던 증권거래소는 오늘날 거래소와 견줘도 거의 차이가 없을 정도로 동일한 방식으로 돌아갔다.

오늘날 가장 큰 주식 시장으로 불리는 뉴욕의 증권거래소는 1792년, 런던의 증권거래소는 1801년에 설립됐다. 이들이 시장을 꾸리며 처음으로 한 일은 투자자들이 쉽게 실적을 추적할 수 있도록 지수를 구성하는 일이었다. TV 뉴스에서 매일 듣는 다우

존스와 S&P500 지수 모두 햇수로 굉장히 오래된 것들이다.

길고 긴 투자의 역사를 통해 배울 수 있는 불변의 교훈은 주식 시장은 예측이 불가능하고 정치·사회·경제·문화 등 수많은 내외 요인에 영향을 받는다는 사실이다. 이런 불확실성으로 투자자들은 투자의 타이밍을 잡는 데 어려움을 호소해왔다.

엘리어트 파동 이론부터 프랙털 이론, 양자역학과 하이젠베르크의 불확정성 원리까지 학자들은 주식 시장의 변동성에서 일정한 함수와 공리를 찾아내려고 발버둥 쳤지만, 지금껏 그 어느 이론이나 설명도 이상적인 투자 이론으로 삼기에 일정한 한계가 있다. 어쩌면 주식 시장은 처음부터 인간의 예측을 허용하지 않는 신성한 확률의 기하학, 즉 신들의 영역일지 모른다.

희망은 남아 있다. 투자 역사에서 배울 또 다른 교훈이 있기 때문이다. 그건 시간을 비추는 거울이 존재한다는 사실이다. 그 거울은 '경제지표'라는 거울이다. 우리는 거울을 보고 하루에도 수십 번 얼굴을 꾸미고 옷을 고르고 머리를 만진다. 안타깝게도 부의 거울을 보는 이들은 매우 적다.

부의 거울을 여러분에게 소개하고자 이 책을 썼다. 이 책은 경제학을 공부하는 아들과 함께 유튜브를 찍으면서 오래전에 기획했다. 그때 준비했던 원고들을 손보고 정리해서 이렇게 내놓는다. 금융 민주주의를 같이 실현하기 바라는 마음으로.

서강대 연구실에서

김영익

차례

**1장**

## 성찰의
## 거울

# 성찰의 ✦ 거울

독일에는 올해로 77년 된 대표적인 시사 주간지가 있다. 1947년 루돌프 아우
크슈타인이 창립한 〈슈피겔〉이다. 우리말로 옮기면 '거울'이다. 한 나라를 대
표하는 시사 잡지명치고는 의미심장하면서도 어딘가 알 듯 말 듯 알쏭달쏭
한 이름이다. '세계'라는 뜻의 프랑스 일간지 〈르 몽드〉에서는 벌써 고상한
품격이 느껴지지 않던가. 그런데 독일 시사 잡지 이름은 '거울'이라니? 내가
이해하지 못하는 독일식 유머일까?

나중에야 알았다. 여기에는 다 이유가 있다는 것을. 〈슈피겔〉이라는 명칭은 패전국 독일이 나치의 망령을 떨쳐내고 이성이 작동하는 정상 국가로 서려면 국민 전체가 성찰의 거울 앞에 서야 한다는 시대정신을 역설하고 있다. 과거를 반추하고 반성하지 않는 민족에게 미래는 없으며, 과오를 돌아보고 환골탈태의 노력이 없는 개인에게 성장은 없다. 거울을 본다는 것은 자신을 있는 그대로 직시하는 일이다. 그 와중에 때로 미처 몰랐던 민낯을 발견하기도 한다.

그래서일까? 얼마 전부터 '한국 경제를 이해하려면 어떤 거울이 필요할까?'라는 질문을 머리에서 떨쳐내지 못하고 있다. 한강의 기적을 이룬 우리나라에도 슈피겔, 즉 거울이 필요하다. 우리에게 '부의 거울'이 하나씩 필요하다는 말이다. 그 거울은 나뿐 아니라 시장과 사회를 비춰주는 검증대와 같다. 이제 이 세상을 들여다보는 가장 선명한 거울을 하나 여러분에게 소개하고자 한다.

# 01

# 매일 거울 앞에 서다

• • •

얼굴은 마음의 거울이며
무언의 눈은 마음의 비밀을 고백한다.

― 성 히에로니무스 ―

거울은 일상에서 쉽게 볼 수 있는 소품이다. 주변에 자주 보여서 가끔 그 존재를 잊기도 하는 거울은 영화배우나 연예인의 전유물이 아니다. 거울은 생존에 없어선 안 될 중요한 도구여서 그렇다.

매일 출퇴근할 때 몰고 다니는 자동차에 백미러(후사경)와 사이드미러가 없다면 어떤 일이 일어날까? 아마 일순간 도로는 서로 가려는 차들로 뒤엉켜버릴 것이다. 치과의 충치 치료와 발치 도구에 거울이 달리지 않았다면 어떤 상황이 벌어질까? 애먼 생니를 뽑는 일이 벌어지지 말란 법이 없다. 이처럼 일상에서 거울은 단순히 자기 모습을 보는 도구를 넘어 다양한 용도로 쓰이고 있다.

유튜브 방송을 켜기 전에 꼭 하는 일이 있다. 거울을 들여다보는 것이다. 거울을 보고 옷매무시도 고치고 얼굴에 뭐가 묻었는지, 머리는 단정한지 살핀다.

거울을 본다고 얼굴이 더 잘생겨지는 건 아니다. 거울을 보는 횟수만큼 이목구비가 멋있어진다면 나부터 틈만 나면 거울을 볼 것 같다.

거울은 나를 있는 그대로 볼 수 있는 사물이다. 이에 못지않게 중요한 거울이 하나 더 있다. '부의 거울'이다. 난 시장을 훤히 비춰주는 부의 거울을 매일 들여다본다. 부의 거울은 보면 볼수록 부자가 되는 마법의 거울이다.

거울을 본다는 건 어떤 의미일까? 성찰한다는 것이다. 한자로 성찰은 '살피고 또 살핀다'라는 의미다. 거울을 봐야 헝클어진 머리도 다듬고 얼굴에 붙은 검댕도 떼어낼 수 있다. 과거의 나를 돌아보고 지금의 나를 세우는 과업은 거울을 보는 데서 출발한다.

고대 이스라엘의 위대한 왕이자 현인 다윗은 날마다 "나를 살피소서"라는 기도를 했다. 다윗의 위대함은 절대자 앞에서 자신의 오장육부를 꺼내 보여주는 것처럼 나날이 자신을 성찰했다는 데 있다. 부의 거울 앞에 선 우리가 맨 먼저 해야 할 일은 무엇일까? 이번 절에서 그 이야기부터 해보자.

## 거울을 본다는 의미

거울과 성찰의 관계를 말하면서 고대 그리스 신화에 등장하는 미소년 나르키소스 이야기를 빼놓을 수 없을 것 같다. 연못에 비친 자기 모습을 짝사랑해 물에 빠져 죽었다는 나르키소스. 삶에서 성찰이 생략된 사람은 나르키소스처럼 자신이 이

뤄놓은 것에 도취한다. 우리 주변에는 나르키소스처럼 자기 성공에 익사하는 이들이 많다. 내가 봐도 내가 굉장히 대단해서다.

난 나르키소스가 되지 않으려고 매일 거울을 들여다본다. 좋아서 보는 게 아니라 반성하려고 본다. 거울을 보며 이만하면 됐다고 느낄 만한 순간, 다시 자신을 냉정하게 성찰하게 된다. 내게 따라붙는 수식어들을 휴지 조각처럼 버리려고 오늘도 거울 속 나르키소스의 망령을 떨쳐낸다.

무엇보다 거울은 자기 자신을 인식하는 도구다. 거울 보기는 인간만이 할 수 있는 고차원적인 행위다. 오로지 인간만이 거울

에 비친 자신을 대상화할 수 있기 때문이란다. 툴레인대학 심리학자 고든 갤럽은 1970년대 이를 실험으로 확인했다.

'동물도 인간처럼 거울을 보고 자기를 인식할 수 있을까?'에서 시작된 실험은 마침내 침팬지나 비비, 돌고래, 코끼리 등 지능이 높은 일부 동물만이 학습을 통해 거울 속 자신을 알아볼 수 있다는 결론에 도달했다.

갤럽에 따르면, 거울 테스트를 통과한 동물은 자기를 인지할 만큼 지능이 높다고 여겨지며, 초보적 수준의 인지 학습이 가능하다고 한다. 갤럽의 실험은 인간과 영장류 사이의 진화와 인지적 연속성을 이해하는 데 도움을 줬다.

그런 점에서 인간은 거울의 동물인 셈이다. 같은 맥락에서 정신분석학자 자크 라캉은 인간의 발달 단계에서 생후 6개월에서 18개월 사이를 '거울 단계Mirror Stage'로 불렀다. 그 이유를 읽어보니 설명이 흥미롭다. 영아가 거울 속에 비친 자기 모습을 인식하기 시작하면서 자신을 점차 독립된 개체로 인식하기 시작한다는 것이다.

라캉은 거울에 비친 아이가 남이 아니라 나 자신이라는 깨달음에서 비로소 자기 객관화가 일어난다고 말한다. 매일 바라보는 거울이 내게 나라는 정체성을 주는 셈이다. 이처럼 거울을 본다는 건 스스로를 인지할 수 있다는 증거이자 고도의 인지 행위를 감행할 수 있다는 뜻이다.

나아가 거울 속의 자신을 보는 것은 다른 사람의 시선을 의식하는 것이기도 하다. 장 폴 사르트르는 타자의 시선이 우리의 존재를 규정짓는다고 했다. 거울은 타자의 눈과 같다. 거울을 통해 마치 다른 사람이 우리를 보는 것처럼 자신을 바라본다.

인생에서 남이 나를 어떻게 볼까를 가장 많이 고민하는 때는 연애 시기인 것 같다. 어제 산 구두가 내 옷과 어울리는지, 그제 이발한 머리가 멋있는지, 큰맘 먹고 산 정장이 내 몸에 잘 맞는지 하루에도 여러 번 거울 앞에 서게 된다.


## 또 하나의 거울 앞에서

자신을 응시하는 거울 말고 투자자라면 반드시 봐야 할 거울이 있다. 부의 거울이다. 부의 거울은 현실을 직시하고 완성하는 도구다. 잠재의식의 아버지라 불리는 조셉 머피는《조셉 머피 부의 초월자》에서 성공으로 안내하는 거울이 있다고 말한다. 책에서 머피는 매일 거울 앞에서 자기 암시를 일깨우는 선언을 제안하는데, 이를 '거울 기법'이라고 부른다.

머피는 책에서 잠재의식을 거울에 비유한다. 머릿속에 이미지나 아이디어를 떠올리면 잠재의식이라는 거울에 바로 반영되는데, 부정적인 아이디어든 긍정적인 아이디어든 하나의 상으로 고

착된다는 것이다. 중요한 것은 믿음이다. 부정적이든 긍정적이든 우리가 그 이미지를 믿느냐 믿지 않느냐가 성공과 실패를 가르는 기준이 된다. 머피가 말한 거울 기법은 바로 이러한 잠재의식에 깃든 이미지를 긍정적인 것만 남기는 기술인 셈이다.

그런데 진짜 부의 거울은 매일 언론에 소개되는 각종 경제지표와 경기지수다. 오늘 마주하는 가격은 모두 과거 시장의 반영이다. 물가·주가·환율·금리는 부의 거울이 보여주는 대표적인 경제의 모습이다. 우리가 경험하는 현재의 경제는 대부분 부의 거울에 그대로 비춰볼 수 있다. 이처럼 시장의 흐름을 조망하는 데 부의 거울만큼 좋은 확대경은 없다.

요즘은 조금만 관심을 기울이면 누구나 포털에서 웬만한 자료를 쉽게 얻을 수 있는 시대다. 나만의 루틴을 만들어 모든 투자의 의사 결정을 하기에 앞서 포털과 정부 누리집에서 부의 거울을 확인해보자. 실수를 그만큼 줄일 수 있다.

경제지는 또 다른 부의 거울이다. 주식 투자를 하는 사람이라면 최소한 경제신문을 한 부는 꼭 읽어야 한다고 생각한다. 미시적 안목과 거시적 안목을 함께 갖추는 데 경제신문만 한 게 없어서다. 유튜브 알고리즘이 알려주는 정보만 좇다 보면 나도 모르게 시장에 편향된 시각을 가질 수 있다.

괜히 남들이 모르는 정보만 좇다가 증권가 주변에 돌아다니는 찌라시까지 손대는 사람들이 있다. 방송에서도 여러 번 말했지만,

속칭 카더라 통신은 결코 부의 거울이 될 수 없다. 그것은 현상을 왜곡하는 '깨진 거울'이다.

모든 정보는 반드시 출처가 뒤따라야 한다. 그래야 그 정보의 진위와 가치를 확인할 수 있다. 종목을 찍어주는 리딩방이나 투자금을 모금하는 투자방과 같이 음성적으로 횡행하는 커뮤니티도 부의 거울이 아닌 건 마찬가지다.

이것저것 복잡하다면 유튜브 〈김영익의 경제스쿨〉을 시청하는 것도 좋은 방법이다. 〈김영익의 경제스쿨〉은 일목요연한 경제 정보와 균형 잡힌 시각을 고루 전달하는 데 방점을 찍고 있어서 어디서부터 시작해야 할지 흐름을 못 잡고 망설이는 사람이라면 투자 방향을 잡는 데 도움이 될 것이다.

〈김영익의 경제스쿨〉은 거시적 안목에서 전 세계 여러 지표를 확인하고 매주 업데이트하므로 시의성과 정확성이 남다르다고 자부한다. 해외 경제 소식이나 국제 경제 흐름까지 알려주는 포괄성은 다른 매체와 비교되지 않는다. 그렇다고 〈김영익의 경제스쿨〉만 맹신하진 말자. 김영익과 정반대 주장을 하는 유튜브 채널도 두루 시청하면서 균형을 유지하는 게 좋다.

오늘 주식은 어제 신문 헤드라인이 결정한다는 말이 있다. 좋은 소식은 좋은 소식대로, 나쁜 소식은 나쁜 소식대로 다음 날 주가에 반영된다는 말이다. 그런데 이 말은 틀렸다. 각종 매체가 발달한 요즘엔 어제 신문을 들춰보는 것으로 시장을 판단할 수 없다. 이젠 투자에도 속도가 생명인 시대가 됐다.

투자를 시작한다는 건 세계 정세와 무역 마찰, 전쟁과 갈등, 지정학적 위기, 각국의 정책 변화, 여러 경제 이슈를 한꺼번에 들여다보는 거시적 안목과 동시에 국내 시장의 변동과 각종 물가지수를 따지는 미시적 안목을 가지는 일이다. 그러한 안목은 부의 거울을 통해 시시각각 드러난 상황에서 얻을 수 있다. 그렇다면 부의 거울에는 어떤 상像이 맺힐까?

# 02

# 거울 이미지는 데칼코마니다

감옥에 갇혀 사는 건 거울 없이 사는 것이며
거울 없이 산다는 건 자아 없이 사는 것이다.
— 마거릿 앳우드 —

'미러 이미지Mirror image'라는 말이 있다. 거울에 비친 물체의 모습을 가리키는데 우리말로는 '거울 이미지', 한자로는 '경상鏡像'이라고 부른다. 우리는 하루에도 수십 번 거울 이미지를 마주한다. 엘리베이터를 탈 때도, 화장실 세면대에서도, 자동차 백미러를 볼 때도 거울 이미지를 발견한다.

거울은 실제 사물을 왜곡 없이 있는 그대로 보여주므로 일상에서 요긴한 물건으로 여긴다. 그래서 식사 후 이쑤시개를 들고는 고춧가루가 끼지 않았나 거울을 보고, 여성은 틈만 나면 손거울을 펴놓고 화장을 고친다. 누구나 외출하기 전 전신거울을 보면서 옷매무새를 고치고, 운전자는 골목에 달린 볼록거울을 통해 반대편에서 오는 자동차를 확인한다. 마트나 슈퍼마켓에서는 좀도둑질을 막는 목적으로 구석진 곳에 보안거울을 달고, 무용수 연습실에는 춤동작을 익히기 위해 벽면을 거울로 채운다.

우리가 보는 거울 이미지는 좌우가 반대다. 반전 이미지인 셈이다. 이를 이용해서 레오나르도 다빈치는 거울을 옆에 세워놓고 글씨를 썼다. '거울 필기<sup>Mirror writing</sup>'다. 이유는 의견이 분분하다. 왼손잡이였던 다빈치가 평소 손에 잉크가 묻지 않도록 거울을 받쳐 두고 썼다고도 하고, 자신의 내밀한 이야기를 다른 사람이 보지 못하도록 거울에 비춰 내용을 암호화했다고도 한다.

다빈치가 이유를 밝히지 않았으니 거울 필기의 목적은 수수께끼로 남았지만, 어쨌든 그가 남긴 노트를 거울의 도움 없이 읽을 수 없다는 점은 확실하다.


## 거울을 마주하고서

1932년 파블로 피카소는 〈거울 앞의 소녀〉를 그렸다. 애인을 보고 그렸다는 이 그림을 통해 피카소가 하고 싶었던 말은 무엇이었을까? 피카소는 "사진작가와 화가, 거울 중에서 누가 사람 얼굴을 정확하게 볼까?"라는 질문을 던졌다. 어쩌면 피카소가 화가였으니 '화가'를 꼽았을 것 같다.

생각해보면 인간은 자기 얼굴을 직접 볼 수 없는 존재다. 엽기적인 가정이지만, 자기 얼굴을 직접 보려면 눈알을 뽑아서 돌려봐야 한다. 그런 점에서 거울은 어쩌면 눈을 대신해 나를 물리적으로 객관화하는 유일한 도구가 아닐까 싶다. 인간은 거울을 통해 평생 '비춰볼'뿐이니까 말이다.

그래서 미국의 사회학자 찰스 쿨리는 인간이 '거울 자아'를 가지고 있다고 주장했다. 거울 자아란 무엇일까? 내가 거울에서 보듯 남들도 나를 그렇게 볼 것이라고 믿는다는 것이다. 나 자신이 거울에 반사된 상을 통해서 나를 확인하듯, 자아 역시 나를 둘러싸고 있는 다른 사람들의 나에 대한 반응을 통해 나 자신을 파악하게 된다.

결국 인간은 끊임없이 자신의 내적 세계와 외적 세계 사이에 일관성을 만들고자 하며, 평생 거울에 비친 나와 현실의 나를 조정하려고 애를 쓴다. 이와 비슷한 개념으로 코넬대학 심리학 교수였던 유리 브론펜브레너 박사의 '거울 이미지 효과Mirror image effect'라는 용어도 있다. 내 거울 이미지는 과연 무엇일까?

난 전라남도 함평에서 태어났다. 요즘에야 함평나비대축제니, 대한민국 국향대전이니 등 낭만 가득한 고장이지만, 내가 나고 자란 당시만 하더라도 지나가는 사람에게 물어보면 한반도 어디에 붙어 있는지 모를 촌구석이었다. 그나마 함평읍은 양반이었다. 함평읍을 가려면 먼지 풀풀 나는 비포장도로 5km를 걸어서 버스를 타야 했던 그야말로 오지 마을 손불면 동암리에서 살았다.

새마을운동의 깃발도 들어오지 않은 1960년대 중반은 누구나 할 것 없이 못 입고 못살던 가난한 시절이었다. 개중에 난 중학교도 진학하지 못할 만큼 가난한 집에서 자랐다. 동네에서 불알친구 윤중이와 나를 제외하고 또래 애들 대부분은 면 소재지가 있는 중학교로 진학했다. 친구들이 입고 다니던 하늘색 반소매 상의와 쑥색 바지를 덧댄 교복이 그토록 부러웠던 적이 없었다.

인생 첫 좌절이 크게 느껴졌다. 애들과 마주치기 싫어 일어나자마자 매일 지게를 지고 야트막한 동산에 오르곤 했다. 동산에서 마을을 내려다보면 아침 일찍 새벽밥해 먹고 읍내 중학교로 등교하는 친구들이 눈에 들어왔다. 평소 배우는 걸 좋아했던 난 하소연할 데도 없이 쓰디쓴 눈물을 삼켜야 했다. 그렇게 가난은 나를 집어삼켰다.

귀가 먹먹할 정도로 조용한 동네에 홀로 남겨진 채 우두커니 앉아 있을 때면 아무것도 할 수 없는 시골에서 자그마한 육체와 정신이 썩어들어가는 느낌이었다. 밤에는 반복적으로 악몽을 꾸었다. 멀리서 비행기가 날아와 어머니가 시집올 때 해온 안방 장롱을 무섭게 폭격하는 꿈이었다. 그 장면이 몸서리칠 정도로 무섭고 선명해서 한밤중에도 여러 번 실신하고 까무러쳤다.

## 약점이 곧 기회다

공부에 욕심이 많았던 난 늘 앎에 목말라했다. 가난은 죄가
아니다. 내가 가난을 선택한 게 아니므로 가난이 내 삶을 좌지우
지하도록 놔둬선 안 됐다.

어린 시절 가난은 내 삶의 동력이다. 가난해서 내게 주어진
조건들을 극복할 수 있었다. 굴지의 가전기업 파나소닉을 창업한
마쓰시타 고노스케는 이렇게 술회했다.

> 가난과 허약, 무학無學은 어려서 하늘이 내게 준 축복이다. 집안이
> 가난해서 열심히 일해야 했고, 몸이 허약해서 건강에 남달리 신경
> 을 써야 했으며, 배움이 없어서 학식 있는 사람의 충고를 경청할
> 수 있었다.

화를 복으로 바꾸는 전화위복의 결단, 현실에 지지 않는 강단
을 가진 사람은 국적 불문하고 '그러하기 때문에'보다는 '그럼에
도 불구하고'를 입에 달고 사나 보다.

난 어린 시절을 열등감 속에서 살았다. 남들처럼 잘난 것도 자
랑할 만한 것도 없었다. 생존을 걱정할 정도로 가난했으며 친구
들이 학교에 앉아서 공부할 때, 지게 지고 나무하러 들로 산으로
다녀야 했다. 증권사에 입사했을 때는 주변으로부터 지방대학 졸

업생이라는 가시 돋친 평가도 들어야 했다.

경제연구소를 이끌었을 때 직원 대부분은 서울대학교를 비롯해 명문대학 출신이었다. 대학원을 나오고 교수가 될 때까지 학벌에 대한 열등감은 좀처럼 사라지지 않았다. 그래서 거울에 비친 내 모습이 마음에 들지 않았다.

어느 순간 현실과 이상을 화해시키는 법을 터득했다. 인생은 좌우가 반대인 데칼코마니다. 어쩌면 진정한 자아상Self-image은 내가 그리는 것이다. 내 정체성을 확실히 가질 때 남들도 나를 그 이미지에 맞게 대접한다.

서울대학교 경제학과를 나오고 미국 유학 중인 아들은 내게 무엇을 배울까? 아버지는 아들에게 거울이라고 하던데, 아버지의 어떤 모습에서 자신만의 답을 찾았을까? 이번 방학 때 돌아오면 아들과 술 한잔을 나누며 한번 물어봐야겠다.

# 03

# 멘토는 거울 너머에 있다

- - -

나와 가장 가까운 사람들이
내 성공과 실패의 수준을 결정한다.

— 존 맥스웰 —

미국인들은 따라쟁이를 '카피캣Copycat'이라고 일컫는다. 아직도 생각나는 일화인데, 내가 대학생일 때 교수님을 기막히게 따라 하는 친구가 있었다. 그 친구는 수업을 듣는 동안 각 교수님의 특징을 포착해 우리에게 디테일까지 살려 흉내 내곤 했다. 그럴 때마다 감쪽같이 똑같아 우리는 배꼽을 잡고 웃었다.

교수님이 강의 도중에 무슨 이야기를 하는지 귀를 쫑긋 세우고 들어야 했으므로 그 친구가 남긴 강의 노트는 토씨 하나, 예화 하나까지 완벽하게 담고 있었다. 그야말로 녹음기가 따로 없었다.

그래서 매번 기말고사 때면 친구들이 그 친구의 노트를 서로 빌리겠다고 난리를 부렸다. 신기한 건 교수님을 따라 했던 그 친구가 언제나 매 학기 '과톱'이었다는 사실이다. 웃기기에 바빴던 그 친구는 어떻게 뛰어난 성적을 유지할 수 있었을까?

대학 때 영어 공부를 하다가 '모방'과 관련한 흥미로운 점을 하나 발견했다. '따라 하다'라는 영어 동사에 두 종류가 있다는 사실이었다. 하나는 목<sup>Mock</sup>, 다른 하나는 에뮬레이트<sup>Emulate</sup>다. 두 단어 모두 남을 모방하고 따라 한다는 의미지만 맥락과 뉘앙스는 전혀 다르다.

'목'은 '따라 하다'라는 뜻 말고 '조롱하다'라는 의미도 있다. 남을 놀릴 때 걸음걸이나 말버릇 등 특징을 따라 하는데, 영어 단어 '목'은 그런 뜻이다. '에뮬레이트'는 같은 '따라 하다'라는 의미가 있으면서 좋은 의미로 쓰이는데, 특히 닮고 싶은 사람을 따라 하는 것을 뜻한다. 학창 시절 《국어》 교과서에서 읽었던 너새니얼 호손의 《큰 바위 얼굴》에 등장하는 주인공처럼 말이다.

## 거울 뉴런의 마법

머리에는 '거울 뉴런<sup>Mirror neuron</sup>'이라는 게 있다. 최근 뇌과학의 발달로 미지의 영역이었던 인간의 머릿속을 블랙박스처럼 열어볼 수 있게 되면서 거울 뉴런의 존재가 알려지게 됐다. 머리 앞부분인 전두엽과 윗부분인 두정엽에 있는 이 신경계 덕에 태어나면서부터 모방을 통해 새로운 것을 배우고 타인의 행동을 이해하며 감정에 공감할 수 있게 됐다.

거울 뉴런은 인간에게만 있는 회로가 아니다. 1996년 이탈리아 파르마대학 자코모 리졸라티 교수팀이 뇌에 전극을 심은 짧은꼬리원숭이가 손으로 땅콩을 잡으려는 동료 원숭이의 행동을 보고 운동을 관장하는 동일한 뇌 영역이 활성화되는 사실을 밝혀냈으니 거울 뉴런의 원조는 인간이 아니라 영장류 원숭이인 셈이다.

인간의 모든 사회화는 거울 뉴런의 모방으로 시작된다. 엄마의 입 모양을 열심히 흉내 내면서 모국어를 터득하는 것과 같은 이치다. 누가 시키지 않아도 경상도 엄마한테 경상도 사투리를, 전라도 엄마한테 전라도 사투리를 배운다. 경상도 엄마 밑에서 전라도 사투리를 쓰는 애가 나올 수 있을까? 상상할 수 없는 일이다.

난 애널리스트로 있으면서 여러 공중파 방송에 출연할 기회가 많았는데, 그때마다 전라도 사투리로 맘고생이 컸다. 특히 동향 사람들은 '의' 발음을 잘 하지 못한다. 경상도 사람들이 '쌀' 같은 된소리를 발음하기 힘들어하는 것과 같다.

배움은 무작정 흉내 내기에서 출발하고, 모든 교육은 따라 하기에서 시작한다. 그래서 누군가를, 아니면 무언가를 그대로 모방하는 것은 부끄러운 게 아니다. 진짜 부끄러운 건 모방할 것이 따로 없는 사람이다.

정확히 기억나진 않지만, "세상에서 가장 불행한 사람이 누굴까?"라는 질문을 받은 적이 있다. 은근슬쩍 넘어가려는 내게 그는 "존경하는 사람이 없는 인간"이 가장 불행한 인간이라고 말해줬다. 맞는 말이다. 따라 하고 싶은 사람, 닮고 싶은 사람, 삼고초려를 해서라도 멘토로 모시고 싶은 사람, 귀동냥해서라도 가르침을 청하고 싶은 사람이 없는 것만큼 한 개인에게 비극적인 건 없다.

다 큰 아들에게 요즘에도 인생에서 귀감이 되는 사람이 한 명쯤 있어야 한다고 입버릇처럼 말한다. '귀감'은 무슨 뜻일까? 한자로 '거북 귀龜'에 '거울 감鑑'자를 쓴다. 은나라 시대 중국인들은 갑골점이라고 해 거북이 등껍질이 불에 타서 갈라지는 형태를 보고 인간의 길흉화복을 점쳤다. 미래를 보여주는 거북이 등껍질처럼, 삶의 미추美醜를 여실히 보여주는 거울처럼 인생의 귀감을 삼을 만한 사람 한 명 정도는 주변에 있어야 하지 않을까?

## 멘토를 찾는 여정

다행히 난 닮고 싶은 사람이 참 많다. 돈은 없으면 벌면 된다. 아는 게 없으면 배우면 된다. 그러나 따라 할 사람이 없다면 정말 비극일 것 같다. 귀감이 되는 사람을 멘토Mentor라고 한다.

멘토는 오디세우스가 트로이 전쟁에 출정하며 아들 텔레마코스의 교육을 맡겼던 책사 이름에서 유래했다. 멘토는 오디세우스를 대신해 때로 엄한 스승으로, 때로 다정한 친구로, 때로 든든한 아버지로 텔레마코스를 가르쳤다. 멘토는 살아 있는 멘토만 있는 건 아니다. 죽은 멘토도 그가 남긴 위대한 저서를 통해 가르침을 전할 수 있다.

간신히 대학에 들어가서 내가 책으로 처음 만난 경제학자 폴 새뮤얼슨이 그런 멘토였다. 현대 경제학의 아버지이자 1970년 노벨경제학상을 받은 그는 《새뮤얼슨의 경제학》이라는 저서를 남겼는데, 학창 시절 이 책을 읽으며 경제학이란 학문에 푹 빠졌다.

"경제학이란 부를 늘리고 그 부를 나누는 것"이란 그의 말이 흥미로웠고, 경제지표를 분석하는 촌철살인 한 마디 한 마디에 전율했다. 위편삼절이라는 고사처럼 새뮤얼슨의 책을 너덜너덜해질 때까지 읽고 또 읽었다. 오늘날 스트래티지스트로서 내 관점의 절반은 새뮤얼슨의 것이다. 새뮤얼슨처럼 죽은 멘토는 오로지 책으로만 말하니 한 입으로 두말하지 않고 헷갈리지 않아서 좋다.

진정한 멘토는 살아 있는 멘토다. 우리나라 업계는 은퇴가 굉장히 이르다. 이제야 조금 세상을 이해하고 사물의 이치를 알 거 같은데 회사에서는 나가라고 등을 떠민다. 그래서 기회가 있을 때마다 "내 꿈은 미국 증권가처럼 60대, 70대 머리 희끗희끗하고 나이 지긋한 애널리스트가 되는 것입니다"라는 포부를 밝힌다.

반나절을 데스크에 앉아서 모니터를 볼 수 없고, 각종 자료를 취합해 합리적인 판단을 할 수 없을 때까지는 시장을 분석하고 보고서를 출간하고 싶은 게 지금의 마음이다. 투자계의 영원한 현인 워런 버핏을 보라. 올해로 94세지만 여전히 매일 아침 맥모닝을 사 들고 회사로 출근하는 현역이다.

그래서 살아 있는 멘토는 시장의 파고와 대중의 압력을 견딘 노익장 경제학자 중에 포진해 있다. 〈파이낸셜 타임스〉의 수석 경제 칼럼니스트인 마틴 울프는 첫째로 꼽는 멘토다. 울프의 글이 실리면 행간에 숨은 뜻까지 찾아가며 읽는다. 우리나라 경제신문에도 울프 같은 칼럼니스트가 좋은 글을 써줬으면 하는 소망을 가져본다.

예일대학 석좌교수이자 모건스탠리의 수석 글로벌 이코노미스트인 스티븐 로치 또한 살아 있는 멘토 중 하나다. 2022년 77세에 《우발적 충돌》이라는 책을 냈다. 시중에 책이 풀리자마자 사서 읽었다. 곳곳에 미·중 갈등을 바라보는 한 노학자의 고견이 담겨 있었다. 경제계에서 아무도 로치의 나이를 문제 삼지 않으며 '최고령'이니 하는 호칭 따위도 붙지 않는다. 경제 전문가로서 어떤 철학과 견해를 가지고 있느냐가 중요해서다.

부의 거울은 우리에게 멘토를 소개해준다. 이 거울 속에서 난 멘토를 여러 명 찾아냈다. 인생을 돌아보니 멘토는 그 거울 너머에 있었다.

# 04

# 창조성은 반복된 노동이다

갈 만한 가치가 있는 곳에
지름길 따위는 없다.

— 비벌리 실즈 —

"일찍 일어나라. 하루가 그대에게 태클을 걸기 전에 그대가 먼저 태클을 걸어라. 수세가 아닌 공세를 가하라." 에번 카마이클의 좌우명은 오늘도 내 심장을 뛰게 한다. 예전에 《아침형 인간》을 읽고 느낀 바가 컸던 것도 같은 맥락일 것이다.

증권 애널리스트로 있을 때부터 지금까지 삶의 철칙이 하나 있다. 폭풍이 몰아쳐도 변치 않는 성공의 시금석이다. 그건 무슨 일이 있어도 오전 6시에 출근한다는 것이다. 여기서 '무슨 일이 있어도'라는 말이 중요하다. 즉 핑계를 댈 여지를 아예 차단하겠다는 결기를 보여주는 말이다.

이 철칙을 지키려면 기본적으로 성실함이 있어야 한다. 전날 회식이니 야근이니 아무리 늦게 잠자리에 들어도 무조건 다음 날 6시에는 회사 책상머리에 앉아 있으려고 했다. 6시에 출근하려면 집에서 최소한 4시에는 일어나야 한다.

조던 피터슨은 세상을 바꾸려고 하기 전에 네 이불부터 개라고 했다. 사소한 것에 성실함을 보여주는 게 왜 인생에서 중요한지 말해주는 일갈이다. 반복된 일상에서 성실함을 입증하는 평범한 개인이 세상을 바꾸려고 분투하는 위대한 영웅보다 낫다.

## 성실성이 창조성인 이유

성실함은 내 삶을 지배했다. 중학교 교복을 입어보는 게 소원 이던 가난한 시골 소년이 독학으로 대학생이 되고 급기야 직장인 으로 박사과정까지 밟을 수 있었던 건 성실함의 중요성을 깨달았 기 때문이다.

증권사에 입사한 후 공부벌레라는 별명을 얻을 만큼 남들이 보 든 보지 않든 내가 있는 자리에서 끊임없이 연구하고 공부했다. 원서든 전공서든 필요하다면 아마존이나 에이브북스<sup>abebooks</sup>에서 서적들을 사 모았고, 국내외 학회에서 발표된 경제 논문들은 일

일이 찾아서 출력해 읽었다. 늦은 나이에 대학원에 진학해 학업과 직업을 병행했고, 이해가 안 되는 게 있으면 밤새워 자료를 찾아 답을 얻었다.

창조성은 번뜩이는 영감에서 나온다고 착각하는 이들이 있다. 그러나 영감도 그냥 주어지는 게 아니다. 영감의 임계점에 도달할 만큼 성실해야 한다.

창조성은 성실한 생활, 반복된 노동에서 나온다. 사물인터넷의 창시자 케빈 애슈턴은 《창조의 탄생》에서 노동이야말로 창조의 핵심이라고 말한다. 내가 매일 반복하는 허드렛일, 사소해 보이는 작은 의무, 누구든 쉽게 지나칠 수 있는 루틴, 건너뛰어도 겉으로 티도 나지 않을 과정을 묵묵히 수행하는 것이 창조성의 바탕이 된다는 것이다. 때로 너무 지루해서 그만두고 싶은 업무를 성실히 수행하는 자세에서 생각하지도 못했던 창발적인 사고가 탄생한다. 여기에 다른 비결이란 있을 수 없다. 즐겁지도 낭만적이지도 않은 일, 흥미라고는 눈곱만큼도 없는 일을 단순하게 반복하는 것, 그것이 유일한 창조력의 비결이다.

얼마 전 서던캘리포니아대학 심리학과 교수인 웬디 우드의 《해빗》을 감명 깊게 읽었다. 우드는 책에서 성공한 사람들이야말로 습관의 위력을 절감한다고 진단한다. 그녀는 성공으로 이끄는 습관은 따로 있으며, 그 습관이 일상을 지배하도록 만드는 것, 의식적인 노력을 하지 않아도 자연스레 나오도록 습관을 몸에 장착하는 것이 성공의 전부라고 말한다. 우리는 인생의 성취를 위해 부단한 노력과 열심이 필요하다고 착각한다. 그러나 습관은 위대하다. 그녀는 성공하려고 애쓰지 말고 습관이라는 시스템 위에 올라타라고 조언한다. 습관으로 완성된 삶은 절대 무너지지 않기 때문이다.

부의 거울은 성공 습관을 잉태한다. 난 매일 아침 미국과 유럽의 경제지표를 꾸준히 읽는다. 호재와 악재, 다양한 정치·사회·경제·문화 이슈를 점검하고 이를 나만의 평가 모델에 반영한다. 하도 오래된 습관이어서 이젠 별다른 감흥이 느껴지지 않는다. 눈만 감아도 어디에 어떤 파일이 있는지 알 정도다.

그렇게 여러 자료와 통계를 섭렵하면서 불현듯 떠오르는 아이디어가 있다. 그 모든 아이디어는 부의 거울을 통해 얻는다. 내가 지금까지 사람들이 찾는 이코노미스트 자리에 머물 수 있었던 건 이런 아이디어를 끊임없이 찾은 덕분이다.

### 루틴, 무엇을 반복할 것인가

부의 거울은 루틴에서 나온다. 루틴Routine은 일상에서 판에 박힌 정해진 규칙적인 행동을 말한다. 루틴은 길, 도로를 뜻하는 루트Route에서 파생했다. 목적지에 무사히 도착하려면 반드시 지도

상 정해진 길을 따라야 한다.

부산에 가려면 경부선을, 광주는 호남선을 타야 한다. 산티아고에 가려면 프랑스 남부 국경의 생 장 피에드 포르에서 시작해 피레네산맥을 넘어 스페인 산티아고 콤포스텔라까지 이어지는 루트를 타야 한다. 이처럼 루틴은 일상에서 이루고자 하는 행동의 결과를 위해 반드시 거쳐야 하는 정해진 일련의 동작을 의미한다.

각종 스포츠 선수만큼 루틴이 많은 이도 드문 것 같다. 세계적인 테니스 스타 라파엘 나달의 루틴은 그중에서 독특한 것으로 유명하다.

서브를 하기 전, 왼손잡이인 나달은 라켓으로 공을 통통 튀기면서 오른손으로 양쪽 코와 귀를 번갈아 가며 만진다. 마치 누가 보면 야구 감독이 타석에 들어선 타자에게 사인을 보내는 것처럼 연신 귀와 코를 훔친다. 경건해 보이기까지 한 나달의 루틴은 성호만 긋지 않았을 뿐 신에게 올리는 일종의 의례처럼 보인다. 순서가 바뀌거나 건너뛰어서도 안 된다.

징크스는 루틴과 다르다. 징크스는 안 좋은 일이 일어나는 걸 예상하고 이를 막기 위한 반복적인 동작을 말한다. 루틴이 적극적으로 긍정적인 결과를 만드는 데 집중하는 의식이라면 징크스는 부정적인 결과를 피하는 데 그 목적을 둔다.

세계적인 테니스 선수이자 '클레이코트의 황제'로 불리는 라파엘 나달의 예를 다시 들어보자. 나달은 벤치에 앉아 쉴 때 물병과

음료병을 양발 사이에 두고 반드시 상표 라벨이 코트를 향하도록 정렬하는 습관이 있다. 이 행동이 얼마나 유명한지 세계대회에서 볼보이조차 흐트러진 나달의 벤치에 가서 물병을 되돌려놓았던 일화가 있을 정도다.

번뜩이는 아이디어를 얻기 위해 각자가 하는 루틴은 저마다 다르다. 영화 〈어 퓨 굿 맨〉(1992)의 주인공 대니얼 캐피(톰 크루즈)는 무언가 창의적인 발상을 할 때면 야구방망이를 손에 쥐고 붕붕 휘두르는 동작을 반복한다.

그러다 어디에 맞겠다며 볼썽사나운 방망이를 좀 치우라는 동료에게 그는 야구방망이가 도리어 자신에게 일종의 부적 같은 것이라 없으면 머리 회전이 안 된다고 말한다. 실제 그는 영화 속 메이저리그 보스턴 레드삭스의 팬으로 등장하며 실업인 야구에서 선수로 활동하는 모습도 살짝 보인다.

세계적인 골퍼들에게도 일정한 루틴이 있다. 타이거 우즈의 스윙 루틴은 간결하면서도 정확하다. 타깃을 바라보며 빈 스윙을 두 번 하고 뒤로 물러선 뒤 괜히 클럽을 땅에 한 번 툭 치는 장면은 우즈의 팬이라면 모르는 사람이 없는 그만의 전매특허다. 이후 다시 어드레스를 하고 클럽을 좌우로 흔들며 왜글을 두 번 해준다. 왜글을 빼먹었다면 무시하고 그냥 치는 법 없이 다시 위치에서 걸어 나와 고집스럽게 처음부터 루틴을 반복한다. 우즈가 골퍼로서 세계적인 명성을 얻은 뒤 이런 루틴을 따라 하는 친구들이 부쩍 많아졌다.

왜글은 자칫 긴장된 근육을 풀고 공에 시선을 집중할 여유를 가져다준다. 뻣뻣한 상태로는 훌륭한 스윙이 나올 수 없다. 스윙의 간결함은 템포에서 나온다. 전설적인 강타자 닉 팔도는 템포야말로 골프 스윙의 모든 요소를 한데 묶어주는 아교와 같다고 했다.

골프 스윙은 교정된 실수를 모아놓은 것에 불과하다는 말이 있다. 코치들에게서 끊임없이 듣던 말이다. 세상에서 가장 부자연스러운 동작이 스윙이라고. 투자에도 루틴이 있다. 투자에서 루틴은 좋은 전략보다 중요하다. 루틴을 지키면 아무리 시장이 흔들려도 투자의 원칙을 유지할 수 있다. 긍정적인 루틴을 통해 징크스를 날려버려야 한다.

나 역시 젊은 시절부터 하루도 빠짐없이 반복하는 루틴이 있다. 루틴이라고 새삼스럽게 얘기할 것도 없다. 완벽하게 내 몸의 일부처럼 굳어져서 그렇다.

지금은 출근할 경제연구소도 없으면서 새벽이면 득달같이 일어난다. 아무리 늦게 잠자리에 들어도 일어나는 시간은 늘 같다. 스케줄이 없는 날에도 눈이 오나 비가 오나 오랫동안 내장된 생체리듬은 새벽 정해진 시간에 어김없이 내 몸을 깨워 일으킨다.

일어나서 맨손체조부터 한다. 그다음 책상에 앉아 조용히 책을 읽는다. 전공과 관련된 경제서나 각종 보고서만 읽는 게 아니다.

소설과 역사서도 읽는다. 고희古稀가 되면 꼭 소설을 쓰겠다는 약
속을 잊을 만하면 요즘도 가끔 되뇌면서.

# 05

# 꿈에 먼저 투자하라

서로 이르되 꿈꾸는 자가 오는도다.

— 〈창세기〉 37장 19절 —

첫 월급을 받으면 정장 한 벌을 사라는 영국 속담이 있다. 어디서 듣긴 들었는데 출처가 불분명한 격언은 모조리 영국 속담으로 통 친다는 말을 들어서 그런지 속담의 유래를 장담할 수 없지만, 무슨 의미인지는 어렴풋이 알 것 같다. 아마도 자신에게 먼저 투자하라는 말일 게다.

자신에게 투자하는 게 때로 가장 힘들다. 아들 같은 MZ세대에게 이 속담은 어떤 의미로 다가올까? 한번은 대학원 수업 시간에 제자들에게 이 속담의 의미를 물었다. 그랬더니 "첫 월급 받을 때까지 어떻게 기다려요?"라는 답이 돌아왔다. 지금 생각하니 우문 현답이다.

꿈에 투자하라는 말을 자주 듣는다. 투자 전략을 짜는 사람이니 투자에 이골이 날 법하지만, 나 역시 꿈에 투자하라는 말이 어색할 때가 있다.

오랫동안 품어왔던 꿈에 투자하려고 해도, 아니 하다못해 값나가는 신상 외투 한 벌을 온라인 마켓 장바구니에 넣어두고도 결제 버튼을 몇 달간 누르지 못하고 있으면서 처자식을 먹여 살리는 데 바쁘다 보니 나를 돌아볼 시간이 없었다는 그 흔한 핑계를 나조차 둘러대고 있으니 꿈이란 말이 때로 사치스럽게 다가오기도 한다.

꿈은 그렇게 거창하게 읊조리는 단어가 아니다. 남이 나를 조금이라도 무시하면 참지 못하고 부들부들 떨던 사람도 자신을 무시하는 건 쉽게 넘어가는 걸 본다. 우린 어렸을 때부터 "꿈이 뭐니?"라는 질문을 하도 많이 듣고 자라서 꿈에 일종의 거품 같은 게 끼어 있다고 느낀다.

남에겐 쉽게 "꿈을 크게 가져라", "꿈은 이뤄진다"고 말하면서 정작 자신의 꿈은 구겨서 서랍에 처박아두고 살아간다. 꿈은 월드컵 경기가 열릴 때만 찾는 게 아니다. 꿈은 내 '존재 이유'이기도 하다.

## 간절한 꿈, 있으십니까?

난 공부에 꿈이 있었다. 그래서 퇴근 후 틈만 나면 도서관을 찾아 공부에 매진했다. '틈만 나면'이라는 말도 부정확하다. '틈을 내서'가 맞을 것이다. 남보다 늦었다고 느껴서인지 정말 열심히 공부했다.

그런 나를 잘 알던 연구소 소장은 회사에 다니고 있을 때 대학원 박사과정에 도전할 수 있게 배려해줬다. 직장을 다니면서 학업을 함께 이어간다는 건 결코 쉬운 일이 아니다. 동료나 구성원들의 눈치도 눈치지만 공부로 인해 업무 효율성이나 생산성이 떨어지는 경우도 많아서다. 그런 상황을 잘 알던 난 맡은 업무나 회사에 누가 되지 않으려고 곱절을 노력했다.

공부의 꿈은 나만 잘해서 이룰 수 있는 게 아니다. 누군가는 반드시 이해해주고 도와줘야 가능한 일이다. 부하 직원이 야간 대학원이나 주말 대학원도 아닌 직원 모두가 열심히 일하는 주간에 버젓이 일반대학원을 다닐 수 있게 배려해준다는 건 고용주 편에서 쉽지 않은 결정이다. 그래서 대신증권의 양재봉 회장에게는 지금도 가슴 깊이 고마움을 느낀다.

그뿐 아니었다. 양재봉 회장은 세계적 시야와 국제적 안목을 기르라고 내가 옥스퍼드대학 최고경영자 과정에서 공부할 수 있게 물심양면으로 지원을 아끼지 않았다. 졸지에 안 되는 영어 실력으로 영국으로 건너가 책으로만 봤던 내로라하는 경영학자들의 수업을 들었다.

양재봉 회장은 과분한 학업을 마치고 돌아온 내게 하버드대학에 가서 공부를 더 하고 오라고 등을 떠밀기까지 했다. 아내의 내조와 자녀들의 응원이 없었다면 마음 놓고 공부할 수 없었을 것이다. 일반적으로 사람들은 돈이나 부동산에만 투자한다고 착각한다. 그러나 진정한 투자는 자신에게 먼저 하는 것이다.

어린 시절에 현재의 나보다 좀 더 큰 사람이 되려는 의지가 가장 중요했던 것 같다. 한 번뿐인 인생인데 어제보다 더 나은 멋진 사람이 되고 싶었다. 막연히 가난하게 살지 않으리라는 바람 이상의 무엇, 내 속에는 이미 거인이 숨어 있었는지 모른다. 대학을 졸업하고 더 넓은 물에서 놀고 싶었다.


## 꿈꾸는 사람과 사귀어라

서강대학교 대학원은 그런 내 욕구에 딱 맞는 학교였다. 대학원에 들어가서 첫 학기에 과감하게 김병주 교수의 '금융경제학' 수업을 수강했다. 대학원생들 사이에서 어렵고 난해하기로 악명 높은 수업이었는데, 평소 매도 먼저 맞는 게 낫다고 생각해 피해 가지 않았다.

막상 첫 주 수업을 들으니 도저히 따라갈 수가 없었다. 경제학 지식이 탄탄해야 수업을 이해할 수 있어서다. 그도 그럴 것이 당시 수업을 같이 들었던 선배들이 한 마디로 대학원에서 날고 긴다는 학생들이었다. 서강대학교 경제학과에서 교편을 잡았던 조장옥, 남준우 교수가 이 수업을 같이 수강했던 선배들이었다. 얼마 못 가 수업에서 난 거의 '지진아'에 속했다.

기라성 같은 선배들을 따라잡는 건 애초에 포기했고, 그나마 뒤꽁무니라도 따라갈 수 있을 거 같았다. 그때부터 나와의 전쟁이 시작됐다. 선배들을 따라가려고 매일 밤을 새웠다. 아니나 다를까 잠을 안 자니 새벽마다 코피가 줄줄 흘러내리기 일쑤였다. 뱁새가 황새 따라가다가 가랑이 찢어지는 꼴이었다.

그렇게 꿈에 투자한 시간이 쌓이고 쌓여 지금의 내가 될 수 있었다. 시간은 만 하루가 지나면 언제나 리셋된다. 그러나 그 시간이 남긴 경험치는 오롯이 쌓여 실력이 되고 체력이 돼준다.

성서에 요셉이라는 인물이 등장한다. 요셉의 삶은 극적이다. 요셉의 별명은 '꿈꾸는 자'인데, 이 별명은 동생을 시기해 이복형들이 붙여준 별칭이었다. 요셉은 자신의 꿈 때문에 성공하는 게 아니라 도리어 인생의 막장으로 떨어진다.

요셉은 꿈 두 개를 꾼다. 요셉이 베어낸 곡식단에 형들의 곡식단이 절하는 꿈, 해와 달과 열한 별이 요셉에게 절하는 꿈이었다. 이 꿈은 요셉이 미래에 이집트의 총리가 될 것을 예언한 것이었지만, 형들은 그 꿈 때문에 동생 요셉을 노예로 판다. 그럼에도 요셉은 실망하지 않고 끝까지 꿈을 뒤쫓는다.

　시간이 가면서 대학원 선배들과 친해졌고 경제학뿐 아니라 인생 전반에 걸쳐 건전한 자극을 많이 받았다. 이후 경제연구소에 취직할 때도, 직장에 다니면서 박사과정에 도전할 때도 개인적으로 조언을 듣고 도움을 청했다. 어쩌면 대학원 때 만난 이들 덕분에 오늘의 김영익이 존재할 수 있었다고 생각한다.

　난 어김없이 아들에게도 꿈꾸는 사람을 가까이하라고 말하곤 한다. 그러면 아들은 "꿈꾸는 사람을 가까이하기보다 제가 꿈꾸는 사람이 돼야죠"라고 말한다. 맞다. 부의 거울은 꿈을 따라가는 삶을 보여준다.

# 06

# 인생은 장기 투자다

● ● ●

장거리 달리기는 90%가 정신적인 것이고
나머지 절반은 육체적인 것이다.

— 리치 데이비스 —

유튜브 방송 〈김영익의 경제스쿨〉을 시작하면서 가장 많이 받는 질문이 있다. "어떤 종목을 사면 좋을까요?"라는 질문이다. 남들이 한다니까 어설프게 주식에 뛰어든 사람들이나 10년 넘게 돈을 굴려온 투자자들이나 질문은 매번 똑같다.

"어떤 종목이 이익을 많이 낼 수 있을까요?", "저한테 주식 하나만 콕 짚어주세요"와 같은 질문에는 그들이 말하지 않은 의도가 숨어 있다. 그것은 남들이 모르는 가치주, 숨은 보석 같은 종목이 있을 거라는 믿음이다. 그래서 그 질문에는 남들이 알기 전에 내가 먼저 사야 하고, 가격이 오르기 전에 한 템포 빠르게 사야한다는 의지가 다분히 묻어난다.

결론부터 말하면 그런 주식은 없다. 워런 버핏이 담배꽁초를줍듯 저평가된 주식들을 사 모으던 시대는 지났다. 청년 시절의버핏은 스승 벤저민 그레이엄의 지론을 물려받아 길바닥에 버려진 담배꽁초를 줍는 투자 방식을 이어갔다. 아무도 줍지 않는 주식을 싼값에 얻을 순 있지만 한두 모금 빨고 나면 나 역시 버려야하는 주식, 시장에서 저평가된 주식들만 찾아다닌 셈이다.

담배꽁초는 담배꽁초일 뿐이다. 시장에서 평가가 박한 데는 그만한 이유가 있다. 도리어 담배꽁초만 줍다가 버핏은 아마존 같은 유력한 기업을 놓치는 실수를 범했다. 뒤늦게 투자 전략을 바꿔 애플이나 코카콜라같이 시장에서 많이 오른 종목들을 사들인이유도 담배꽁초 투자론의 한계를 절감해서다.


## 장기 투자의 원리

시간의 관점에서 투자는 크게 단기 투자와 장기 투자로 나뉜다. 말 그대로 단기 투자가 짧은 기간을 보고 투자를 진행하는 전략이라면, 장기 투자는 장기적 관점에서 투자를 진행하는 전략이다. 우리나라에는 특히 주식 투자를 '타이밍'이라고 말하는 사람들이 많은데, 이는 의외로 단기 투자자들이 시장에 많다는 사실을 보여주는 사례다.

주변에 서재에 모니터를 여러 대 놓고 데이트레이딩이나 초단타매매, 쿼트스터핑Quote stuffing이나 스캘핑Scalping을 직업으로 하는 사람들이 적지 않다. 이들에게는 타이밍이 중요하다. 등락을 거듭하는 주식을 조금이라도 쌀 때 사서 몇 시간, 심지어 몇 분 뒤에 팔아버리는 전략을 쓰기 때문이다. 이들에게 투자하는 회사의 전망이나 시장성은 크게 중요하지 않다. 오로지 시장에서 얼마에 주워 얼마에 털 수 있는가가 중요하다.

장기 투자는 회사의 성장 가능성을 보고 투자에 들어가서 주가가 충분히 오를 때까지 느긋하게 기다리는 전략을 쓴다. 장기 투자는 단기 투자와 달리 특정 매수 시기나 타이밍이 그다지 중요하지 않다. 시장에서 저평가된 주식을 사서 오랫동안 보유하는 것을 원칙으로 해서다.

대신 옥석을 골라내는 것처럼 가치가 있는 주식을 찾아야 하므로 회사의 성장과 전망이 더욱 중요하다. 장기 투자를 '가치 투자'라고 부르는 데는 이런 투자 전략이 쓰이기 때문이다. 우리가 알고 있는 대표적인 장기 투자자로는 워런 버핏이 있다. 매년 발표하는 워런 버핏의 포트폴리오에는 10년 넘게 보유 중인 주식이 수두룩하다.

실제로 버핏에게 장기 투자를 가르쳐준 스승은 컬럼비아대학

교수 벤저민 그레이엄이었다. 《벤저민 그레이엄의 현명한 투자자》에서 그레이엄은 '안전마진Margin of satefy'이라는 개념을 통해 주가가 저평가된 좋은 기업을 발굴하는 방법을 제시했다. 투자는 예측할 수 없는 상황에서도 원금을 지켜낼 최소한의 안전마진이 필요하다는 것이다.

그레이엄 교수의 원리는 어떻게 보면 간단하다. 기업의 내재가치보다 시장에서의 주가가 낮은 회사가 좋은 투자처라는 점이다. 즉 안전마진이 있는 주식을 매수해 성장할 때까지 기다렸다가 충분히 비쌀 때 파는 것이 그가 말한 가치 투자의 전부다. 나머지는 모두 각주에 불과하다.

스승의 전략을 이어받아 워런 버핏은 이 안전마진을 '해자'에 비유했다. 일본 오사카성처럼 해자가 깊고 넓은 성채는 적군이 침입하기 힘든 난공불락의 요새다. 버핏이 말한 해자는 해당 회사만이 보유한 경쟁력이다. 장기 투자를 위해서 버핏은 시장에서 회사가 갖는 고유한 경쟁력, 즉 다른 경쟁사가 감히 넘어올 수 없는 독점적 지위를 갖고 있어야 한다고 봤다. 그래서 시장이 예측대로 흘러가지 않고 경기가 나빠질 때도 리스크가 해자를 타고 넘어올 수 없는 안전성을 회사가 갖고 있게 된다.

문제는 이런 해자를 보유한 회사를 찾는 게 말처럼 쉽지 않다는 데 있다. 우스갯소리로 장기 투자에도 두 종류가 있다. 자발적 장기 투자와 강제적 장기 투자다. 철저한 분석을 통해 매수하는 경우가 자발적 장기 투자라면, 강제적 장기 투자는 주식 매수와 동시에 주가가 추락해 '어쩔 수 없이' 장기적으로 보유하고 있는 경우다. 내가 갖고 있으려고 하지 않는데도 매수가에 물려 있어 눈물의 손절을 하는 사람들은 엄밀한 의미에서 장기 투자자가 아닌 셈이다. 이처럼 장기 투자가 성공하려면 무엇보다 회사가 가치 있는지 따지는 안목이 필요하다.

그래서 도리어 초보 투자자라면 단기 투자보다 장기 투자가 알맞다고 말하고 싶다. 회사를 꼼꼼하게 분석할 시간이 없다면 상장지수펀드ETF 같은 상품에 투자하는 것도 좋은 방법 가운데 하나다. 결국 시장은 우상향할 것이고 내가 꾸린 포트폴리오는 주가의 변동에 따라 자동으로 리밸런싱되기 때문이다.

다만 장기 투자를 하려면 '빚투'라는 선을 넘지 말아야 한다. 세상에는 시한폭탄과 같은 돈이 있다. 꽁짓돈이다. 적어도 3년에서 5년 이내에 필요할 것 같은 돈, 내년 봄 돌려줘야 하는 전세 자금, 다음 학기 넣어야 하는 대학 등록금, 다음 달에 계주한테 줘야 하는 곗돈은 장기 투자의 투자금이 될 수 없다.

## 인생은 마라톤

가난은 늘 내 발목을 잡았다. 모든 게 궁핍하던 집은 도저히 나를 중학교로 보내줄 만한 형편이 안 됐다. 모두가 출발선을 떠나 열심히 100m 달리기를 하는데 난 출발조차 하지 못한 셈이라고나 할까? 아니 비유하자면 신고 뛸 운동화 한 켤레도 없었다.

어머니는 내게 늘 미안해했다. 어린 마음에 조바심이 났다. 이러다가 평생 루저로 사는 거 아닐까? 덜컥 겁이 났다. 산으로 들로 땔감 하러 다니다가 마을도 못 벗어나 보고 이렇게 죽는 건 아닐까? 내 인생에 걸만 한 투자금도 자본도 없었다.

그러나 인생에는 누구나 이해할 수 없는 기회가 다가온다. 하루는 동네 아는 형이 솔깃한 제안을 했다. 산을 2개나 넘어야 나오는 옆 동네 시골교회에서 나 같은 아이들에게 중학교 공부를 무료로 시켜준다는 거였다.

그 소식은 내게 복음과 같았다. 교회에서 가르쳐준다는 예수님 이야기가 복음이 아니라 무상으로 공부를 가르쳐준다는 게 복음이었다. 듣던 귀를 의심할 정도였다. 뛰는 가슴을 억누르며 형에게 당장 하겠노라고 답했다. 그날부터 같은 처지의 친구와 함께 시골교회에 갔다. 그렇게 출발선을 겨우 떠날 수 있었다.

다음 날 형이 말해준 교회로 가보니 제대로 된 의자 하나 없는 작은 교회였다. 그래도 돈 한 푼 안 받고 공부를 시켜준다니 얼마나 다행인가. 나는 마룻바닥에 앉아 중학교 과정을 배우기 시작했다. 그렇게 검정고시를 준비했다. 광주에 있는 상업고등학교를 가고 싶었으나 이번에도 가난이 발목을 잡았다. 결국 19살에 농업고등학교로 진학할 수밖에 없었다.

농업고등학교에 들어가 마음을 다잡고 공부를 하려고 했다. 돼지 중절 수술도 배우고 식물 접붙이는 것도 익혔다. 하지만 농업고등학교 수업은 적성에 맞지 않았다. 그냥 검정고시를 보고 대학에 진학하고 싶었다. 1학년을 마치고 자퇴해 한 차례 낙방의 고배를 마신 다음 이듬해 남들보다 반년 빨리 검정고시로 고졸 자격을 얻을 수 있었다.

그렇게 전남대학교 상과대학으로 진학해 열심히 공부해서 3년 반 만에 조기졸업을 할 수 있었다. 출발이 늦어 언제나 중간 과정을 최대한 단축해야겠다고 마음먹었던 터였다. 그리고 서강대학교 대학원에 진학했다. 군역을 해결해야 했으므로 석사장교를 갈 계획이었다. 여기서 문제가 터졌다.

대학을 조기졸업 하다 보니 8월에 대학원을 입학해야 했고 졸업도 2년 뒤인 8월에 해야 했다. 당시 석사장교 시험은 매해 3월에 있어 한 학기를 더 다녀야 했다. 그렇게 대학원을 한 학기를 더 다녔던 것이 뜻밖에 문제가 될 줄은 몰랐다. 석사장교에 지원하려면 석사과정을 반드시 2년에 마쳐야 한다는 규정이 있었다.

결국 대학을 한 학기 일찍 졸업한 게 모든 불행의 원인이 됐다. 낙담한 나머지 그날 처음으로 인사불성이 될 정도로 폭음했다. 다음 날 아침 일어나 보니 가방은 온데간데없고 바지 주머니에서 조그만 쪽지가 나왔다. 내가 홧김에 골목의 술집 간판을 발로 차서 망가뜨렸으니 가방을 찾으려거든 5만 원을 들고 오라는 주인의 요구가 적혀 있었다. 자괴감과 모멸감에 몸을 떨었다. 그렇게 29살에 소가 도살장에 끌려가듯 논산훈련소에 입소했다. 서울올림픽이 열린 1988년에 31살의 나이로 제대했다.

학창 시절은 지극히 비정상적이었다. 비공식 중학교 2년, 고등학교 1년 반, 대학교 3년 반, 대학원 2년 반. 초등학교를 제외하면 하나같이 정상적인 기간이 아니었다.

누구는 인생을 투자에 비유한다. 나는 인생이 장기 투자라고 생각한다. 인생은 단기 투자도, 치고 빠지는 단타 매매도 아니다. 인생은 가치주를 중심으로 뚝심 있게 나아가는 장기 투자다. 행여 한 방에 가진 돈을 전부 잃어도 툭툭 털고 다시 시작하면 된다. 아직 인생이라는 레이스가 끝나지 않았기 때문이다.

인생은 마라톤이다. 그래서 끝까지 가봐야 안다. 투자는 토끼가 아니라 거북이처럼 해야 한다. 인생은 '레이스$^{Race}$'가 아니라 '페이스$^{Pace}$'이기 때문이다. 증권 시장에 30여 년간 참여하면서 단기 투자로 작은 이익은 얻을 수 있으나 큰돈을 벌 수 없다는 사실을 깨달았다.

1990년대 초, 증권사 리서치센터에 일할 때 '차티스트'라는 이름의 애널리스트가 있었다. 기술적 지표를 보고 주가를 전망하고 종목을 선정하는 일을 하는 애널리스트가 차티스트다. 지금은 어느 증권사 리서치센터에서도 차티스트라는 애널리스트를 찾아볼 수 없다. 왜 그럴까? 그게 애초에 불가능해서다. 괜히 종목을 골랐다가 나중에 소송이 들어올 수도 있었다.

주변에서 장기 투자로 큰 부를 축적한 투자자는 정말 많이 봤다. 대표적으로 '주식 농부'로 알려진 스마트인컴의 박영옥 대표다. 박영옥 대표는 증권사 입사 동기이므로 가까이에서 지켜볼 수 있었다.

우리나라의 경기 순환을 보면 1972년 이후 11번의 순환에서 경기 확장이 평균 33개월이었다. 주가도 그 비슷한 기간 상승하는 경우가 대부분이었다. 이 기간에 주가지수 관련 상품을 사놓으면 상당한 수익을 거둘 수 있다.

또 장기적으로 매출이나 이익이 증가할 것으로 기대하는 종목을 골라서 투자하는 경우도 장기 투자의 대표적 사례다. 이 경우, 기업 분석을 철저히 하고 일시적 주가 변동에 흔들리지 말아야 한다. 명심하자. 투자는 거북이처럼.

# 07

# 역사가 말하는 부의 거울

> 인생은 거울이다. 인생은 철학자가 삶에서 떠올리는
> 생각을 철학자에게 되살려준다.
>
> ― 어니스트 홈즈 ―

왜 고고학자는 무덤에서 거울을 찾으려고 할까? 거울이 문명의 발전상을 보여주는 척도이기 때문이다. 고고학상 가장 오래된 거울은 기원전 6000년 무렵 오늘날 튀르키예 차탈회위크 유적에서 출토된 것인데, 형태가 오늘날 거울과 사뭇 다르다.

예로부터 거울은 주로 청동으로 만들었는데, 아시아의 청동거울은 중국 상나라 때부터 존재했다. 우리나라도 예외는 아니다. 환웅이 3,000명을 거느리고 태백산 신단수로 내려올 때 세 가지 신물神物을 갖고 왔는데 그 가운데 청동거울이 있었다. 단군신화에서도 거울의 중요성을 엿볼 수 있다.

거울은 왕이나 제사장이 목에 걸치거나 두르던 성물聖物이자 제기祭器였다. 제정일치 사회였던 고조선에서 제사장은 제천의식을 행할 때 거울을 목에 달아 주변에 태양 빛을 비췄다.

거울은 과거를 비추는 상징물이다. 과거를 비추는 부의 거울을 보고 역사를 반추하지 않는 투자자는 중요한 때 종종 실기失期하거나 실수를 저지른다.

역사는 거울이다.《사기》를 쓴 사마천은 '지나간 사건을 서술해 장차 올 일을 안다述往事 知來者'고 했다. 이번 절에서 부의 거울이 보여주는 역사에 대해 얘기해보자.


## 부의 거울

부의 거울은 무엇일까? 난 대학원에서 주로 계량경제학을 공부했다. 계량경제학이란 각종 통계 데이터를 활용해 경제학 이론을 실증적으로 검증하고, 대립하는 두 가지 이상의 전망이 있을 때 어느 쪽이 맞는지 판별하는 경제학의 한 분야다. 애널리스트로서 오랜 경험을 살려 계량경제학을 기반으로 해 주요 경제 변수를 예측하는 모델을 만들었고, 새로운 데이터가 나올 때마다 예측 오차를 고려해 해당 모델을 수정해오고 있다.

이 모델이 만능이라고 자부할 순 없다. 지금까지 대부분 맞았다고 앞으로도 맞으리란 장담은 할 수 없으니 말이다. 하지만 무작정 감으로 때려 맞히는 예측보다는 훨씬 정확하다. 이 모델만 정확히 이해하면 경기 침체기에는 투자로 인한 손실을 줄이고, 경기 확장기에는 남들보다 꽤 높은 수익률을 거둘 수 있다. 물론 시계열 분석 모델도 한계가 있다.

2000년대 초의 일로 기억된다. 대신증권 양재봉 회장이 회사의 중요한 투자 의사 결정을 하려고 나를 불렀다. 당시 모델 예측치를 제시하면서 조심스럽게 지금은 투자할 시기가 아닌 것 같다고 했다. 그런데도 양재봉 회장은 "그건 네 모델이고, 내 감으론 오른다"라면서 주식을 샀다.

결과는 어떻게 됐을까? 이후 주가가 상당 기간 상승했다. 그분의 오랜 경험에 따른 통찰력이 내 통계를 이긴 것이다. 난 그 후로 경제를 전망할 때 숫자나 통계에만 의존하지 않았다. 같은 모델로 미래를 예측하는 데 이전 분석 시기를 얼마나 잡느냐에 따라 전망치가 많이 달라져서다. 그래서 시계열 분석은 과학이고 예술이라 한다. 그 예술을 경험 혹은 통찰력이라는 거울에서 찾게 되는 것이다.

역사가 E. H. 카는 "과거는 현재를 비추는 거울"이라고 했다. 여러분은 삶을 복기하고 지표로 삼을 부의 거울이 하나씩 있는가.

## 거울로 비춰본 시장

초등학교 사회 시간에 '수요와 공급 곡선'에 따라 가격이 형성된다고 배운다. 난 수업 시간에 이 단순한 사실을 배웠을 때 전율했다.

당시 선생님은 그래프를 그리고 수요와 공급 곡선을 이동시키며 시장 가격의 원리를 찬찬히 설명해줬다.

> 수요 법칙에 따르면, 높은 가격에서 구매자들은 경제적 재화를 덜 요구할 것입니다. 반대로 공급 법칙에 따르면, 높은 가격에서 판매자는 더 많은 경제적 재화를 공급할 것입니다. 이렇게 오르내리는 수요와 공급의 양이 교차하는 이 점에서! 가격은 형성되죠.

수요와 공급 곡선은 누구도 부인할 수 없이 시장 가격을 결정하는 기본적인 원리다. 아마도 이 곡선은 인류가 이 땅에서 물물교환을 시작하던 때부터 존재했을 것이다. 옛날 사람들이야 본능적으로 이 곡선의 원리를 알았겠지만 말이다.

수요와 공급은 실제 시장 가격과 시장에서 거래되는 상품의 양을 결정하기 위해 상호 작용한다. 수요와 공급은 주식 시장에도 그대로 적용할 수 있다. 투자하려면 시장의 수요와 공급 곡선을 제대로 알아야 한다.

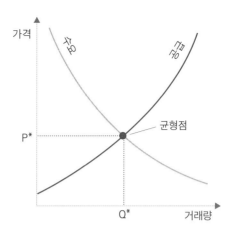

수요와 공급에 따라 결정되는 시장 가격은 대부분 옳다. 그러나 특정 시기에는 수요가 과다하게 증가하면서 어떤 상품이나 자산 가격에 거품이 발생할 수 있다.

2021년 상반기 주식 시장을 예로 들어보자. 당시 코스피가 3000을 넘어서자 머지않아 주가지수가 4000에 이를 것이라는 전문가들의 전망이 쏟아졌다. 국민주인 삼성전자 주가가 9만 원을 넘어 곧 10만 원을 돌파해 '십만전자'가 될 거라는 이야기도 나왔다. 그때 '동학 개미 운동'이라는 단어가 시장에 회자될 만큼 수많은 개인 투자자가 주식 시장에 참여하면서 주가는 크게 상승했다.

그때 일부 언론과의 인터뷰에서 코스피가 2200까지 떨어질 수 있다는 전망을 내놓았다. 내 예측에는 근거가 있었다. 경기를 예측하는 선행지수가 꺾이고 코스피와 상관계수가 가장 높은 일평균 수출 금액에 비해 2021년 4월에는 코스피가 40% 정도 과대평가됐기 때문이다. 일부 투자자는 이런 전망에 콧방귀를 뀌었지만, 3300까지 올랐던 코스피는 2022년 9월 2135까지 하락했다. 삼성전자도 5만 2,000원까지 급락했다. 내 예측대로 된 것이다.

분석해보면 코스피는 장기적으로 명목 국내총생산$^{GDP}$을 따라 오르고 개별 기업의 주가는 그 기업의 이익에 따라 오르내린다. 현재의 수요와 공급에 따라 결정되는 시장 가격이 펀더멘털을 반영하고 있는지 따져봐야 한다는 뜻이다. 시중의 많은 예측과 유튜브 전문가들의 전망에는 이런 구체적인 지표를 읽어내는 부의 거울이 생략돼 있다. 그래서 투자자에게 헛바람을 넣어주는 경우가 적지 않다. 역사는 늘 부의 거울에서 정답을 찾았다.

## 08

# 부의 거울은 삶의 무기다

· · ·

모든 화가는 자화상을 그릴 때 거울을 쓴다.

당신은 거울 안에서 자신을 본다.

거울을 반대로 돌리면 당신은 세상을 본다.

— 아녜스 바르다 —

모든 화가는 자화상을 그릴 때 거울을 쓴다. 거울에 비친 모습을 캔버스에 옮기는 스케치가 모든 자화상의 출발이다. 〈별이 빛나는 밤〉(1889)으로 유명한 네덜란드의 화가 반 고흐는 생전에 자화상을 여러 점 남겼다.

유독 고흐의 그림에 정물화나 자화상이 많았던 이유는 그가 직접 모델을 고용할 만큼 넉넉하지 못해서다. 그림을 그리는 동안 모델이 같은 자세로 장시간 포즈를 취하는 건 고역이었고, 그러려면 적지 않은 비용을 내야 했다. 대신 과일이나 꽃병, 책, 접시,

1장 | 성찰의 거울  **71**

의자 같은 정물은 쉽게 구할 수 있었다. 자신이 아침에 한입 베어 문 사과는 훌륭한 그림의 소재가 됐다.

자화상 역시 마찬가지였다. 자신을 모델로 그리면 되므로 별다른 추가 비용이 들지 않았다. 반 고흐는 평생 자화상을 40여 점 남겼다. 개중에는 예술적으로 완성도가 높은 것도 있지만 습작에 가까운 것도 있다. 그중에서 가장 유명한 작품이 〈귀에 붕대를 감은 자화상〉(1889)이다.

오늘날 대표적인 인상파 화가로 분류되는 데 한몫을 담당한 반 고흐의 자화상은 우울증과 정신적 고통을 겪던 자신의 복잡한 감정을 그대로 드러낸다. 특히 붕대로 귀를 감은 채 정면을 응시하는 그의 강렬한 눈빛은 그림을 보는 이에게 당장이라도 내 귀를 자른 인간이 너냐고 외칠 것만 같다.

최근까지 반 고흐의 자화상 중에 〈귀에 붕대를 감은 자화상〉이 한 점 더 존재한다는 사실을 미처 몰랐다. 대중에게 유명한 작품은 파이프를 물고 있는 모습의 자화상이다. 이 작품은 반 고흐가 느낀 내면의 혼란과 경쟁 상대이자 동료였던 고갱에 대한 양가적 감정, 지독한 고독과 심신의 고통을 두드러지게 강조하고 있다.

이 작품 말고 귀에 붕대를 두른 반 고흐 뒤로 우키요에가 걸려 있는 자화상이 있다. 이 작품은 첫 작품보다 어느 정도 시간이 흐른 후에 그린 것으로 회복 과정에서 첫 자화상보다 정서적 안정을 드러낸다.

## 거울에 비친 유행

1950년대 후반 프랑스의 누벨바그를 주도했던 영화감독 아녜스 바르다는 거울의 용도를 이렇게 말했다. "모든 화가는 자화상을 그릴 때 거울을 쓴다. 우리는 거울 안에서 자신을 본다. 거울을 반대로 돌리면 당신은 세상을 본다." 거울로 자기 얼굴만 비추지 말고 세상을 비추라는 말이다.

반 고흐 역시 거울을 앞에 두고 자화상을 그렸다. 귀가 잘려 나간 부위가 욱신욱신 쑤시고 아플 때는 담배 파이프에 불을 붙여 니코틴의 힘으로 그 고통을 달랬다. 상처가 아물면서 비로소 주변이 보이기 시작했다. 자기에게 집중된 시선은 주변으로 향한다.

배경 없이 진한 원색으로 표현한 첫 작품과 달리 두 번째 자화상에 주변 사물을 그린 건 그 때문이다.

놀랍게도 반 고흐가 그린 자화상의 일본풍 그림은 우키요에다. 이 전통 목판화는 에도 시대 일본에서 난학(란카쿠)이 개방과 근대화를 견인한 덕분에 네덜란드 상인을 통해 유럽에 전해졌다. 유럽으로 건너간 우키요에는 한마디로 선풍을 일으켰다.

맨 먼저 새로움과 신선한 유행에 민감했던 예술가들이 우키요에에 반응했다. 19세기 후반에는 일본풍 그림이 유행을 탔고, 여세를 몰아 1867년 파리에서 열린 만국박람회에는 일본관이 등장했다. 자포니즘의 유럽 침공이 시작된 것이다.

이런 시대적 분위기를 주도한 게 다름 아닌 반 고흐였다는 사실이 흥미롭다. 당시 유럽 화단을 지배하던 화풍에 염증을 느낀 반 고흐는 자포니즘에서 돌파구를 찾았다. 고흐는 우키요에를 400장 넘게 수집할 정도로 유명한 '우키요에 덕후'였다. 심지어 습작으로 우키요에를 흉내 낸 반 고흐의 작품들도 수두룩하다.

반 고흐가 그토록 우키요에에 열광했던 이유는 당시 천민자본주의와 물질만능주의로 찌든 유럽의 사회적 병폐를 치료해줄 유토피아로 일본을 봤기 때문이다. 덕분에 반 고흐는 자화상을 그릴 때조차 거울 속에 비친 당시 첨단 유행의 이국적인 풍속화를 한 귀퉁이에 그려 넣을 수 있었다. 부의 거울은 각도에 따라 내 시야의 범위도 정해준다.

## 거울이 무기가 될 때

거울이 무기가 된다면 믿겠는가. 2세기 무렵 고대 로마의 작가 루키아노스는 시라쿠사 공방전에서 아르키메데스가 거울로 로마의 전함을 불태웠다고 기록했다. 고대 그리스의 수학자였던 트랄레스의 안테미우스는 아르키메데스가 사용한 무기가 햇빛을 한 지점에 모아 불을 붙이는 아르키메데스 열선이라고 했다. 실제로 거울로 적군의 전함을 불태울 수 있는지 논란이 있지만, 거울로 빛을 한 점에 모으면 강력한 열에너지를 전달한다.

부의 거울은 삶의 무기다. 꿈이라는 한 점에 내 모든 시간과 정력을 집중해야 할 때가 인생에서 반드시 돌아온다. 난 거시경제학을 전공하기로 마음먹고 모든 걸 집중해 불태우기로 했다. 직장을 다니면서 대학원 박사과정에 지원하는 만용을 부린 것이다.

내가 다닐 때만 해도 서강대학교는 '서강고등학교'라는 말이

나올 정도로 공부를 힘들게 시키는 대학으로 유명했다. 학부에서
는 학기마다 교실에 각 학생의 자리를 지정했고, 출석 점검을 엄
격하게 했다. 아무리 성적이 좋아도 수업에 일곱 번 결석하면 여
지없이 학점은 F였다.

박사과정에 진학했을 때도 자리가 정해져 있지 않다는 것만 제
외하고 수업은 빡빡했다. 그중에서 조장옥 교수의 '거시경제학'이
가장 어려웠다. 조장옥 교수는 당시 거시경제학의 한 분야인 '실
물경기변동론'에서 세계적인 권위가 있었는데, 교과서부터 최근
논문까지 상세하게 가르쳐줬다. 해당 수업은 학생들 사이에서 과
제를 많이 내주는 것으로 악명 높았다. 조장옥 교수가 과제로 내
주는 어떤 문제는 종일 풀어도 답을 얻지 못한 경우가 허다했다.

난 수강생 몇 명과 스터디 그룹을 만들어 과제를 나눠서 풀고,
매주 토요일 서로가 할당받은 문제를 가지고 만나기로 했다. 그
러나 문제를 풀어오지 못하는 경우가 많았고, 아예 스터디 그룹
에 나오지 않는 친구도 있었다. 그럴 때면 다음 날인 일요일 새벽
부터 도서관에서 꼬박 문제와 씨름하며 보낼 수밖에 없었다. 이
런 일이 반복되자 다른 사람들에게 기대지 않고 모든 문제를 혼
자서 풀기로 결심했다. 조장옥 교수의 지도 아래 거시경제학을
전공하기로 마음먹었으므로 다른 선택의 여지는 없었다.

한 번은 석사과정 학생들과 조장옥 교수의 수업을 같이 들은
적이 있었다. 이때 과제로 주어진 문제를 혼자서 거의 다 풀었다.

그러자 언제부턴가 후배들이 내가 학교에 나타나기를 기다렸고 내 과제물을 복사하기에 바빴다. 그 후 대신증권 인사 담당자가 신입사원을 모집하려고 서강대학교 경제학과를 방문한 적이 있었는데, 학생들이 내 얘기를 전했던 모양이다. 인사 담당자는 내게 회사 일은 하지 않고 공부만 했느냐고 핀잔을 주기도 했다.

그 정도로 내게 주어진 학업을 위해 노력하고 또 노력했다. 내 삶에서 선택과 집중을 한 것이다. 혹자는 바빠서 자기계발하는 데 투자할 시간이 없다고 불평한다. 시간이 없다는 핑계를 대기 전에 남는 시간을 할애해봤는지 스스로를 솔직히 돌아볼 일이다.

부의 거울에 집중하라. 한 점에 모인 에너지는 거대한 잠재력으로 다시 내게 돌아올 것이다.

# 09

# 돈에는 눈이 달렸다 : 통화

• • •

장기적인 성공에 초점을 맞추되 거기에 도달하기 위해
기꺼이 단기적인 조정을 감행하라.
— 사이먼 사이넥 —

독일의 철학자 쇼펜하우어는 돈은 바닷물과 같아서 마실수록
목이 탄다고 했다. 돈에 대한 인간의 욕망이 끝이 없음을 말하는
문장이다. 성서는 돈을 사랑하는 게 일만 악의 뿌리라고 하는데,
마크 트웨인은 도리어 돈의 결핍이 일만 악의 뿌리라고 일갈했
다. 돈이 없으면 비굴해지고 배를 곯다가 결국 남의 집 담벼락을
넘는다는 것이다.

《죄와 벌》의 주인공 라스콜니코프가 전당포 고리대금업 노파와
여동생을 도끼로 살해한 것도 그가 경제적으로 비참한 처지에 놓

여서다. 그래서 서수남이 작사한 가요에 등장하듯 "사랑에 속고 돈에 우는 우리 인생"은 그렇게 돌고 도는 돈의 위력 앞에 속절없이 무릎을 꿇을 수밖에 없는가 보다.

우리는 돈을 사랑하는 것을 물신(맘몬)을 숭배하는 것인 양 암암리에 돈에 갖가지 부정적인 딱지를 덕지덕지 붙인다. 하지만 돈에는 잘못이 없다. 돈은 삶에 꼭 필요한 가치 개방적인 도구에 지나지 않는다. 돈은 악하게 쓰면 악마로, 선하게 쓰면 천사로 돌변한다. 돈은 우리를 낙원으로 안내할 수도 있는 동시에 지옥을 선사할 수도 있다.

대학원에서 제자들을 가르치며 자연스레 MZ세대의 돈 개념을 관찰할 기회가 종종 있었다. 많은 경우, 자신이 자칫 돈을 밝히는 속물로 비춰질까 두려워 대놓고 이야기하지 않으면서도 확실히 우리 세대보다 돈의 가치에 집중하는 모습을 본다. 난 돈을 "하고 싶은 일을 하고 싶을 때 할 수 있게 만드는 것"이라고 정의한다.

## 돈에는 눈이 달려 있다

고리타분한 이야기는 잠깐 제쳐두고 지금부터 현실적으로 돈 버는 법을 얘기해보자. 돈에는 눈이 있다. 그것도 양쪽 모두 시력이 2.0이다. 돈은 맹목적으로 움직이지 않는다. 그래서 돈이 지나는 길목에 서서 돈이 걸어온 발자국을 바라보고 있노라면 모든 무브move에는 원인과 사연이 있음을 알게 된다.

물은 위치에너지가 높은 곳에서 낮은 곳으로, 돈은 이자나 수익이 낮은 곳에서 높은 곳으로 이동한다. 누가 가르쳐주지 않아도 알아서 제 살길을 찾아 나선다. 부자라면 이런 돈과 '아이 콘택트', 즉 눈을 마주칠 줄 알아야 한다.

돈의 본능이라는 것은 돈으로부터 배우는 후천적 감각이다. 부자가 되고 싶은가. 돈의 시선으로 세상을 보라. 돈의 시선을 놓치는 사람은 '거지꼴을 못 면한다.' 무엇보다 돈은 '근시'다. 앞의 이익에 눈이 돌아간다.

예를 들어보자. 지금 주식과 부동산에 투자하고 있다면 일단 단기부동자금의 흐름을 보라. 단기부동자금이란 기대수익률에 따라 어디로든 즉시 이동할 수 있는 자금을 말한다. 여기에는 현금통화, 은행의 요구불예금이나 수시입출금식 저축성예금, MMF 등이 포함된다. 단기부동자금 증가율은 주가나 집값 변동률에 선행한다. 경제신문에서 매일 주가를 보는 이유가 여기에 있다.

돈의 근시안적 움직임은 시중에 돈이 얼마나 유통되고 있는지, 즉 통화량을 보면 알 수 있다. 나와 같은 경제학자들은 통화량이 돈을 바라보는 얼마나 중요한 안목인지 알고 있다. 한 나라의 경제 체력을 건강하게 유지하려면 정부가 경제 규모에 맞는 수준으로 통화량을 관리할 필요가 있다.

우리나라를 비롯한 세계 각국은 중앙은행이 통화량을 조절한다. 시중에 돈이 너무 많이 풀리면 물가가 상승하고, 너무 적게 풀리면 물가가 떨어진다.

시중에 통화량이 증가한다는 것은 사람들이 언제든지 돈을 쓸 준비가 돼 있다는 의미이므로 이때 부동산값과 주식 가격이 오르게 된다. 시중에 풀린 돈을 회수하려고 중앙은행은 금리를 올리는 정책을 시행한다. 문제는 통화량을 어떻게 측정하느냐에 있다. 이를 분명하게 제시하기 위해 등장한 게 '통화지표'다.

통화지표에는 M1과 M2가 있는데, 각각 '머니 원'과 '머니 투'로 부른다. 머니 원과 머니 투로 통화의 종류를 나눈 기준은 시중에 풀려 돌아다니는 돈의 범위가 어디까지인지로 정한다.

머니 원은 협의통화, 머니 투는 광의통화로 본다. 협의통화는 실제 수중에 있는 돈(현금)과 은행예금에 들어 있는 돈까지 말한다. 즉 머니 원은 현금과 요구불예금, 수시입출식예금 등 당장 현금으로 찾아 쓸 수 있는 가장 좁은 의미의 통화다.

광의통화는 머니 원뿐 아니라 당장 현금화는 할 수 없는 묶여 있는 돈까지를 말한다. 만기 때까지 보유해야 하는 적금이나 보험예금, 유동성 상품 등을 포괄하는 넓은 의미의 통화다.

이 밖에 Lf와 L 등이 있다. 돈의 유동성Liquidity을 나타내는 것으로, Lf(금융기관유동성)는 광의통화인 M2에 통화할 할 수 있는 주식, 채권 등을 합친 개념이다. L(광의유동성)은 Lf에 속하지는 않지만,

현금화 가능성이 있는 채권 등을 합친 개념이다.


## 돈보다 멀리 보는 법

동시에 돈은 '원시'로 봐야 한다. 돈은 잔걸음으로 움직이는 것 같지만 결국 장기적인 예측을 통해 도도히 흐르기 때문이다. 시중에 돈이 얼마나 풀렸는지를 보여주는 것이 통화지표라면, 돈이 시장에서 얼마나 잘 돌아가는지 보여주는 게 '통화승수Money Multiplier'다.

돈이 아무리 많이 풀려도 한곳에 막혀 있거나 묶여 있어 활발하게 돌지 않으면 경제 효과가 미미할 수밖에 없다. 통화승수는 통화량이 확대되거나 감소하는 과정의 비율을 나타내는 비율이다. 총통화량을 본원통화로 나눈 값으로 표시되며 각국의 사회경제 여건에 따라 통화승수의 크기가 다르다.

거시경제학이라는 안목으로 부의 거울을 볼 때 다양한 이론과 모델, 데이터 분석 기술을 사용할 수 있다. 뒤에서 자세히 설명하겠지만, 주요 방법론에는 경제지표 분석과 계량경제학에 기반한 경제 모델링 등이 포함된다. 그중에서 경제지표는 한 국가의 경제 활동과 경기를 나타내는 통계적 데이터다.

GDP는 경제성장률을 나타내는 대표적인 지표로 경제의 전반적인 건강 상태를 보여준다. 실업률은 노동 시장의 상태를 보여주며, 경기 변동을 예측하는 데 중요한 자료로 쓰인다. 물가지수 CPI, PPI는 인플레이션을 측정해 통화 정책의 방향을 예측하는 데 쓴다. 소비자 신뢰지수는 소비자들의 소비 패턴을, 제조업 지수PMI는 제조업 활동의 변화를 측정해 경제 활동 수준을 말해준다.

특히 계량경제학은 통계적 방법을 사용해 경제지표를 비롯한 각종 경제 데이터를 분석하고 예측하는 학문이다. 난 대학원에서 계량경제학을 제대로 전공한 교수 밑에서 원리와 실제를 터득했다. 내가 돌리는 예측 모델의 아이디어도 이때 대부분 얻은 것이다.

다양한 계량경제학적 기법을 활용하는데, 각 변수 간의 관계를 분석해 미래를 예측하는 회귀분석이 그중 대표적이다. 이 밖에 최근에 빅데이터 분석과 AI를 활용한 예측 모델을 연구하고 있다. 대규모 데이터를 분석해 경제 동향과 변동 패턴을 식별하고 이를 머신러닝 알고리즘으로 돌려 새로운 결괏값을 도출한다.

부의 거울은 돈의 흐름을 말해주는 것에서 그치지 않는다. 돈보다 멀리 보는 법을 말해준다. 돈이 희번덕거리며 눈을 부라릴 때 그 시선을 포착하지 못하는 사람은 '돈의 난시'를 앓고 있는 셈이다.

# 10
# 기회는 기회의 모습으로 오지 않는다

• • •

삶은 그대에게 항상 두 번째 기회를 준다.
그 기회가 바로 내일이다.

— 딜런 토머스 —

그리스-로마 신화에 카이로스라는 신이 등장한다. 카이로스는
신이라 하기에는 흉측하기 이를 데 없는 외모의 소유자다. 벌거
벗었으며, 머리채가 얼굴에 달려 있고, 뒤통수는 민머리며, 발에
는 좌우로 날개가 달려 있다. 왜 이런 모습을 한 걸까? 카이로스
는 자신을 이렇게 소개한다.

내가 벌거벗은 건 누구나 나를 발견하게 하기 위함이고, 머리채가
앞에 달린 건 그런 나를 쉽게 잡아챌 수 있게 하기 위함이며, 뒤통

수가 대머리인 건 일단 지나치면 누구도 다시는 나를 잡을 수 없게 하기 위함이고, 발에 날개가 달린 건 그들에게서 빠르게 달아나기 위함이다.

카이로스는 '기회'라는 신이다. 기회는 이처럼 우리 곁을 지나쳐 갈 때 기회임을 깨닫는다. 기회는 기회의 모습으로 오지 않는다. 첫사랑을 눈물로 떠나보내고 나서야 사랑이었음을, 내게 소중한 인연이었음을 깨닫는다. 그동안 우리 곁을 스쳐 지나가는 기회의 신을 얼마나 자주 놓쳐왔는가.

애널리스트로 있었을 때, 일반인이 상상할 수 없는 규모의 돈을 굴리는 여러 회장님과 큰손의 예탁금을 운용해왔다. 그들과 투자 미팅도 수없이 했고, 주말이면 골프 모임과 교회 모임, 심지어 조찬 기도회도 초대받았다. 그러면서 그들이 인생에서 기회의 신을 어떻게 휘어잡는지 똑똑히 지켜봤다. 그들은 기회의 신 카이로스를 다루는 자신만의 방법이 있었다. 모두 설명할 수는 없고 그중 일부를 얘기해볼까 한다.

## 위기는 곧 기회다

1997년 IMF는 누군가에게 위기였지만 다른 누군가에게는 새로운 기회였다. 한자로 '위기'는 '위태로운 기회'라는 뜻이니 외환위기는 말 그대로 위기이면서 동시에 기회였다. 때아닌 실업과 폐업, 그에 따른 신용불량자와 실직자가 넘쳐났다.

이 과정에서 우리나라 주식 시장은 나락이라고 해야 할까? 말 그대로 거의 붕괴 직전까지 갔다. 많은 사람이 투자가 아닌 생존을 위해 자리를 털고 떠났다. 그런데 적지 않은 이들은 이때가 단군 이래 최고의 투자 적기라며 공격적인 매수에 나섰다. 일단 나라가 구제금융에서 벗어나면 새로운 경제 질서가 재편될 것이라고 믿은 것이다. 난 그들이 장차 부자를 꿈꾸며 샴페인을 터트리는 현장에 있었다.

시장은 그들의 예상대로 빠르게 안정세에 접어들었다. 1998년 6월 16일, 외환위기 직후 62조 원에 불과했던 우리나라 시가총액은 얼마 지나지 않아 1,000조 원을 가뿐히 넘겼으며, 2008년 활황기 때는 2,000조 원 시대를 열었다. 280으로 내려앉았던 코스피 지수는 10년 후 2000을 달성했다. 2018년에는 2607까지 치솟았다.

불행하게도 이 기간에 투자로 돈을 벌었던 이들은 국내 개미들이 아니라 해외 투자기관과 외국인들이었다. 준비되지 않은 위기를 넘어서는 데 급급했을 뿐 위기가 좋은 기회가 될 거라는 사실을 깨닫지 못했기 때문이다. 그렇게 첫 번째 기회의 신은 우리를 스치듯 외면하고 지나갔다.

두 번째 기회의 신은 2008년 미국발 글로벌 금융위기 때 찾아왔다. 서브프라임모기지 사태의 여파로 전 세계 경제 시스템이 출렁였고, 2009년 우리나라 주식 시장에도 그 파고가 그대로 넘어왔다. 2000을 넘겼던 코스피 지수가 1000을 위협하며 급락을 거듭했다.

당시 떨어지는 주가에 겁먹지 말고 투자의 적기가 왔으니 공격적 매수를 고려해보라고 전망했다. 평소 계량경제에 천착하며 경기를 보여주는 다양한 지표와 보고서를 예측 모델에 적용해 얻어낸 결론이었다. 잠깐의 투자 기회가 지나가는 동안 이를 제대로 살린 사람은 주변에 그리 많지 않았다. 오직 기회의 신을 휘어잡을 수 있는 용감한 사람만 재미를 톡톡히 봤다.

두 번의 암호화폐 파고를 겪으며 다시금 기회의 중요성을 실감했다. 기회는 기회의 모습으로 오지 않는다. 2021년 셀트리온이 이끌었던 바이오주 약진을 눈물로 지켜보던 동학개미 중에 2024년 미국 주식 시장에서 엔비디아의 질주를 탄식으로 지켜본 이들이 많았던 것도 기회가 기회의 모습으로 오지 않기 때문이다.

그렇다면 카이로스의 머리채<sup>Locks</sup>를 잡는 방법은 무엇일까? 1990년대 후반 미국 경제는 수년간 4% 이상의 고성장을 달성하면서도 낮은 실업률과 인플레이션 상태를 유지하는 이례적인 호경기를 누렸다. '골디락스 경제Goldilocks economy'라는 머리채를 잡고 레이거노믹스에서 살아남은 미국은 샴페인을 터뜨리며 풍요로운 황금시대를 만끽했다.

골디락스란 영국 동화《골디락스와 곰 세 마리》에서 명칭을 따왔다. 내용은 잔혹 동화와 같다. 금발 소녀(골디락스)가 산속에서 길을 잃고 우연히 곰이 사는 집에 당도한다. 식탁에는 손님이 올 것을 예상이라도 한 것처럼 굉장히 차가운 죽과 굉장히 뜨거운 죽, 뜨뜻미지근한 죽이 차례로 놓여 있었다.

골디락스는 뜨겁지도 차갑지도 않은 죽을 먹는다. 죽을 그릇째 비운 뒤에 골디락스는 식곤증이 몰려와 거실에 놓인 너무 큰 의자와 너무 작은 의자를 지나서 몸에 딱 맞는 의자에 앉다가 그만 망가뜨리고 만다. 침실로 들어가니 너무 딱딱한 침대와 너무 푹신한 침대를 거르고 적당한 침대에 누워 잠을 청한다. 이윽고 집에 돌아온 곰 세 마리를 발견하고 소녀는 헐레벌떡 도망친다는 이야기다.

## 과거를 거울삼아 공부해야 하는 이유

버블은 시간의 문제일 뿐 반드시 터지기 마련이다. 거품의 역사는 반복된다. 여기서 뼈아픈 실수가 기억난다. 2000년대 들어서며 세계 경제는 두 번의 버블이 터지며 큰 위기를 겪었다. 하나는 2008년 미국발 금융위기였고, 다른 하나는 코로나19로 인한 경기 침체였다.

1988년 말에는 증권주가 가격의 제한 폭까지 오르는 날이 하루 이틀이 아닐 정도로 연일 치솟았다. 미국에서는 주가가 오르면 파란색, 떨어지면 붉은색으로 표시하는데 우리나라는 상승은 붉은색, 하락은 파란색이다.

그해 증권사 전광판은 연일 단풍색으로 붉게 물든 것 같았다. 상황이 이렇게 흘러가자 맨 먼저 가까운 친척들이 내게 연락해 주식을 사달라며 돈을 맡겼다. 그리고 사돈의 팔촌까지 평소 왕래가 없어서 잘 알지도 못하는 이들까지 전화가 왔다.

회사 선배들은 당시 5만 원이던 증권회사의 주가가 10만 원까지 오를 거라고 전망했다. 난 선배들의 말에 의심도 없이 친척들이 맡긴 돈으로 신나게 증권주를 사 모았다. 공부도 부족하고 경험도 부족한 내가 할 수 있는 건 고참들의 운용 방식을 따르는 거였다. 그리고 그게 안전해 보였다. 아니나 다를까 사자마자 연일 급등하는 게 아닌가. 이렇게 부자가 되는구나 하는 생각이 들었다. 이 정도면 첫 실전 투자 경험치고 대박이었다.

1989년 봄에는 회사에서 신입 직원들에게도 특별 보너스를 300% 지급했다. 그해 4월 초, 주가지수가 우리나라 주식 시장 역사상 처음으로 1000포인트를 넘어섰고, 나를 비롯해 증권사 전 직원은 샴페인을 터뜨렸다.

축제는 참담하게 끝났다. 늦여름 폐장한 해변 수영장처럼 파산한 결산서가 모두를 을씨년스럽게 기다리고 있었다. 4월 중순부터 주가가 하락하기 시작했다. 언제 팡파르를 울렸냐는 듯 주식시장은 급전직하하는 롤러코스터처럼 곤두박질쳤다. 친척들이 맡긴 돈으로 들어간 주식 투자는 줄줄이 손해를 봤다. 그에 따른 손실 일부는 내 돈으로 보충해야 할 정도였다. 나뿐 아니라 주변 모든 애널리스트가 참담한 손실을 맛봤다.

그제야 뼈저리게 깨달았다. 공부하지 않고 주식을 사고판다는 게 얼마나 어리석은 짓인지 말이다. 그날 퇴근하면서 서점에 들러 주식 관련 서적을 손에 잡히는 대로 구매해 주식 공부를 처음부터 다시 시작했다. 그때 마음잡고 했던 주식 공부가 훗날 국내 증권사 최고의 애널리스트로 성장하는 데 결정적인 밑거름이 됐다.

많은 사람이 주식과 부동산을 가장 손쉬운 재테크 수단으로 생각한다. 그러나 주식과 부동산에서 돈을 벌었다는 사람은 극소수에 불과하다. 시중에 나와 있는 난 얼마를 벌었다고 자랑하는 책들도 실상은 마케팅적 수사에 불과한 경우가 적지 않다. 나 역시 지금까지 10여 권 이상의 책을 냈고, 여러 출판 관계자에게 직접 들은 이야기다.

오늘날 주식이나 부동산에 내로라하는 전문가가 많지만, 그 전문가 중에서도 극히 소수만 재테크에 성공한다. 얼마 전 '주식 부자'로 이름을 날린 한 투자자의 몰락을 보면서 돈벌이를 자랑하는 책들의 민낯이 다시 한번 주목받았다. 돈을 많이 벌어서 책을 내는 게 아니라 책을 내서 돈을 많이 벌려는 얄팍한 상술이 드러난 셈이다.

주식으로 돈을 벌었다고 말하는 저자들도 실제로는 자신이 경영하는 사업으로 자산의 대부분을 번 경우가 적지 않다. 그래서 성공한 많은 사람이 이구동성으로 현재 자신이 하는 일을 열심히 해서 몸값을 올리는 게 최고의 재테크라고 말하는 것이다.

주식 시장이 내 직업 세계이므로 이 현장에서는 당연히 전문가여야 했다. 아니 전문가 이상이어야 했다. 그러나 당시는 그렇지 못했다. 영업점에서 3개월 동안 근무한 뒤 대신경제연구소로 발령받았다.

인사이동은 내게 천우신조였다. 연구소에서 경제와 주식 시장에 대해 본격적으로 공부하고 연구할 기회가 내 앞에 펼쳐졌다. 그 기회는 내게 새로운 날개를 달아줬다. 연구소에서 거시경제의 관점에서 나만의 예측 모델을 구축할 수 있어서다. 실패에서 얻은 깨달음은 새로운 기회의 신을 부른다.

위기를 기회로 바꾸는 탁월한 투자자들은 세 가지 공통점이 있다.

첫째, 변화에 민감하며 위기 징후를 파악하는 능력이 있다. 그들은 경제 흐름을 관찰하고 경제 공부를 통해서 위기를 알고 미리 대비한다. 그리고 위기 속에 숨은 기회를 포착한다.

둘째, 위기에 잠재된 기회를 살리려고 현금을 많이 보유해둔다. 절호의 기회가 주어졌다 하더라도 투자 재원이 없다면 소용이 없다.

셋째, 신뢰를 바탕에 둔 용기가 남다르다. 경제 위기가 닥치고 다른 사람들이 불안에 떨며 매도에 나설 때 반대 방향으로 행동하는 과감한 용기를 발휘한다. 그리고 보유한 현금뿐 아니라 레버리지를 이용해 자금을 만들어 투자한다. 그들은 기회가 기회의 모습으로 오지 않는다는 걸 과거를 거울삼아 공부한 이들이다.

## 11

# 혜능의 거울, 무식하게 직시하는 눈

···

본디 거울이 없는데

어디에 티끌이 끼겠는가.

— 혜능 —

달마 대사가 동쪽으로 간 까닭은 무엇일까? 중국 선종은 달마 대사에서 시작한 법통을 사제의 가르침으로 이었는데, 5대 홍인弘忍 문하에는 수제자 신수神秀가 있었다. 하루는 홍인이 후계자를 정하려고 공식적으로 담벼락에 시를 쓰는 즉석 경연을 연다. 제자 중에 신수가 맨 먼저 나섰다.

몸은 곧 깨달음의 나무요 身是菩提樹

마음은 좌대 거울과 같도다 心如明鏡臺

때때로 부지런히 털어내 時時勤拂拭

때가 끼지 않도록 하라 莫使染塵埃


거울 같은 마음을 열심히 닦아 도량을 넓히겠다는 포부를 여과
없이 드러낸 시였다. 신수의 오언율시를 읽고 압도된 다른 제자
들은 감히 그와 겨루려고 나서지 못했다.

그렇게 모두 신수의 시를 읽고 감탄하고 있는데, 낫 놓고 기역
자도 모르던 나무꾼 혜능慧能이 지나가다가 신수가 써놓은 시를
전해 듣는다. 혜능은 홍인의 도량에서 매일 방아를 찧는 하인에
불과해 선종 수련과는 무관한 촌뜨기였다. 그런 혜능이 글자를
아는 사람을 시켜 이런 시를 담벼락에 쓰게 한다.


깨달음에는 본래 나무가 없고 菩提本無樹

명경은 좌대 있는 것 또한 아니네 明鏡亦非臺

본래 한 물건도 없거니와 本來無一物

하물며 어느 곳엔들 티끌이 끼겠는가 何處惹塵埃


혜능은 마음이 거울이라는 신수의 시조에 정면으로 딴죽을 건
셈이다. 혜능의 시를 읽은 스승 홍인은 직감한다. 평생을 자기 밑
에서 수련했던 수제자 신수보다 일자무식 혜능의 깨달음이 더 탁
월하다는 사실을 말이다. 한밤중에 홍인은 혜능을 조용히 불러

발우와 가사 한 벌을 주며 법통을 전수한다. "모두가 널 죽이려 들 것이니 이 길로 꽁지 빠지게 도망쳐라."

그날의 사건은 혜능이 야반도주하며 남쪽으로 이주하면서 신수의 북종선과 혜능의 남종선이 갈라지게 된 역사적 계기가 됐다. 마음의 거울을 열심히 닦으려 했던 신수, 애초에 마음엔 거울이 없다고 말한 혜능, 과연 누가 맞을까? 그리고 부의 거울은 어디에 있을까?

## 무식하면 용감하다?

난 대학과 대학원에서 경제학을 전공했다. 뒤늦은 군 복무를 마치고 박사과정에 들어가 공부를 이어서 할지 아니면 직장을 얻을지 고민했다. 오래전부터 내 꿈은 경제학자였다. 경제학의 발상지이자 본토인 영국에 건너가서 거시경제학을 제대로 공부해보고 싶었다. 하지만 그럴 만한 경제적 여유가 없었다.

꿈도 좋고 비전도 좋지만, 공부할 돈을 모으려면 직업부터 얻어야 했다. 그래서 지도교수의 추천을 받아 대신증권에 입사하게 됐다. 당시 증권 시장이 호황을 누려 증권회사에 다니는 사람이 일등 신랑감으로 촉망받던 시절이었다.

대신증권 영업점에서 3개월간 근무한 후 대신경제연구소로 옮겼다. 대신경제연구소는 대신증권 내 계열사로 증권사의 영업을 지원하는 외곽 부서였다. 당시 연구소는 거시경제를 연구하는 경제조사실, 증권 시장을 분석하고 전망하는 증권분석실, 기업을 연구하는 기업분석실로 나뉘어 있었다.

회사는 전공을 고려해 나를 경제조사실에 배치했다. 경제조사실에서 일을 배우는 건 내 희망이기도 했다. 경제조사실에는 실장과 연구원 4명이 있었는데, 3명이 서울대학교 출신이었다. 그중에서 2명은 서울대학교를 졸업하고 카이스트에서 석사학위까지 받은 재원이었다. 시작부터 난 학력과 대학 간판으로 주눅이 들었다.

경제조사실에서 일을 배운 지 한 달이 지났을까? 하루는 담당 실장이 날 부르더니 한 달 내에 통화수요함수를 추정하고 예측하는 모델을 만들라고 지시하는 게 아닌가. 평소 일 처리가 엄격하고 성격이 깐깐하기로 정평이 났던 실장은 부하 직원을 교육하는 데 철저한 사람이었다.

연구원이 보고서를 작성해 오면 "이것도 보고서라고 가져왔느냐!"고 호통을 치며 눈앞에서 보고서를 던져버리는 스타일이었다. 그러고도 수정해서 가지고 가면 또 다른 부분을 지적하면서 다시 써오라고 몇 바퀴나 돌려보내곤 했다. 그게 끝이 아니었다. 기어코 서너 번을 돌리고 나서 친히 자기 옆에 앉혀놓고는 빨간 펜으로 문구 하나까지 세심하게 고쳐줬다.

지금 생각하면 엄격함과 자상함을 모두 갖춘 상사였다. 문제는 예측 모델을 만들려면 컴퓨터뿐 아니라 모델을 돌릴 소프트웨어까지 다룰 줄 알아야 했다. 그때까지 난 컴퓨터에 까막눈이었다. 대학원에서 계량경제학을 수강했지만, 당시 학교에 PC가 없던 때라 모든 걸 계산기로 계산하고 수기手記로 적던 때였다.

　한국개발연구원에서 대형 컴퓨터로 실습을 한 번 해본 게 그때까지 컴퓨터를 써본 유일한 경험이었을 정도다. 이런 사정을 전혀 알 길이 없던 실장은 매일 내 자리로 와 진행 상황을 묻고 독촉하기 시작했다. 다행히도 같이 근무하던 카이스트 출신 한 연구원이 컴퓨터를 잘 다룰 줄 알았다. 자존심을 잠시 접어두고 그에게 의존할 수밖에 없었다.

　문제는 또 있었다. 그 연구원은 성격이 느긋한 건지 가르쳐주기 싫은 건지 내가 간곡히 부탁했는데도 컴퓨터와 소프트웨어를 가르쳐주겠다는 약속을 차일피일 미루기만 했다. 세 번째 약속이 펑크가 나자 화도 나고 승부욕도 생겨 시중에서 컴퓨터 관련 서적을 몽땅 사다가 읽었다. 모두 영어 원서였다. 영어 읽기도 힘든데 심지어 전문용어 하나하나가 생소하기만 했다.

　청소하는 아주머니가 출근하는 시간대인 아침 6시에 사무실에 나가 대책 없이 책들을 쌓아놓고 하나씩 읽어가며 프로그램을 돌렸다. 그러나 컴퓨터는 작동할 생각이 없었다. 당연한 일이었다. 그 와중에 실장은 '느림보'라는 별명까지 붙여주며 재촉했다.

그렇게 책과 씨름하며 끙끙 앓고 있을 때, 컴퓨터를 가르쳐주기로 했던 연구원이 보다 못했는지 드디어 옆에 앉혀놓고는 프로그램 사용법을 알려줬다. 그런데 그의 설명을 듣는데 뭣도 모르고 읽었던 책의 내용이 퍼즐이 맞는 것처럼 아귀가 들어맞는 게 아닌가. 나도 모르게 예습이 된 것이다. 결국 소프트웨어를 이해하는 데 시간이 많이 필요하지 않았다. 가르쳐주던 연구원도 "어라, 다 아시네요. 잘하시는데요" 하면서 신기해했다.

그날 새로운 세계를 봤다. 컴퓨터의 '컴' 자도 모르던 내가 보고서를 뚝딱 마무리한 것이다. 실장이 요구한 날보다 보름 정도 늦었지만, 무사히 〈우리나라 통화수요함수의 추정〉이라는 첫 보고서를 낼 수 있었다. 그 후 여세를 몰아 계량분석에서 대신경제연구소의 최고가 돼야겠다고 다짐했다.


## 주식 차트가 거울이다

시장의 움직임은 주식 차트에 반영돼 있다. 주식 차트는 기업실적, 경제지표 발표, 중앙은행의 정책 변화 등 다양한 요인을 반영한 결과물로 투자자는 이를 통해 경제 상황을 종합적으로 분석하고 판단할 수 있다. 혜능의 말처럼 거울은 좌대 위에 걸려 있지 않다. 우리가 매일 보는 주식 차트에 있다.

인간은 물건이 유통되고 돈이 흐르는 시장을 통해 가격이라는 매우 객관적인 수치를 조정해왔다. 주식 차트는 그런 시장 가격이 어떻게 움직이는지 보여주는 대표적인 거울이다. 주식 차트를 통해 가장 기본적인 경기를 알 수 있기 때문이다.

그러면 주식 차트에 경기가 어떻게 반영돼 있을까? 주식 시장 전체의 성과를 나타내는 대표적인 지수들을 먼저 볼 수 있다. 이를테면 S&P500, 다우존스 산업평균지수, 나스닥 종합지수 등을 통해 미국과 세계의 경기를 가늠할 수 있다. 우리나라는 코스피나 코스닥을 꼽을 수 있다. 이런 지수의 움직임은 경제 전반의 건강 상태를 반영한다.

거래량도 주식 차트가 보여주는 중요한 지표다. 특정 주식이나 시장 전체의 거래량은 투자자의 관심과 시장의 유동성을 나타낸다. 거래량이 급증하면 중요한 뉴스나 경제 이벤트가 있었음을 보여준다. 심지어는 호재나 악재가 일어나기 전에 거래량이 요동치기도 한다.

주식 차트에는 경기, 기업 수익, 수급 상황이 다 반영돼 있다. 그러나 주식 차트로 미래를 전망하기는 쉽지 않다. 2000년대 초반까지는 증권회사 리서치센터에 '차티스트'라는 애널리스트가 있었다. 차티스트는 현재까지의 주식 차트를 보고 미래의 주가를 전망하는 애널리스트다.

증권회사는 매년 말에 다음 해 주가를 전망하고 투자 전략을 제시한다. 대부분 그 일을 리서치센터 혹은 경제연구소 투자전략실에서 주관한다. 주로 차티스트가 주가지수 전망치를 제시한다.

당시 난 경제조사실장 자리에 있었다. 투자전략실에서 2001년 주가를 낙관적으로 전망했다. 그러나 내가 가지고 있는 경제 변수에 기반한 모델에 따르면 2001년 9월 전후에 주가가 급락할 것으로 나타났다. 보다 구체적으로 경상수지와 국제유가 선행성을 이용한 주가지수 예측 모델이었다.

부의 거울이 보여주는 전망을 얘기할 수밖에 없었다. 어쩔 수 없이 사내의 증권 시장 전망 회의에서 투자전략실과 반대되는 견해를 제시했다. 그리고 우리가 다 아는 일, 9·11 테러가 터졌다. 전 세계 시장은 예상치 못한 쇼크에 모든 주가가 곤두박질쳤다. 너나 할 것 없이 패닉셀이 빗발쳤다.

난 동일한 모델로 이후 주가 급등을 예견했다. 주가는 내 예측과 거의 같은 방향으로 변동했다. 내 전망을 듣고 투매된 주식을 주웠던 분들은 대부분 큰 수익을 거뒀다. 이에 대해서는 다음 절에서 좀 더 자세히 설명하려 한다.

그해 말, 내가 속한 연구소 사장이 경제조사실과 투자전략실을 전격 통합했다. 주가는 거시경제 변수에 기반해서 전망해야 한다는 인식에서 벌어진 일이었다. 부의 거울을 인정한 셈이다. 그 후 난 경제뿐 아니라 주가와 투자 전략을 제시하는 두 분야 실장을 동시에 맡게 됐다. 말하자면 '이코노미스트'와 '스트래티지스트'

역할을 같이했던 셈이다.

　당시 난 주요 언론사 베스트 애널리스트 선정에서 양 부분의 1위로 뽑혔다. 그때 그런 일은 거의 없었던 것으로 기억한다. 주식 차트를 활용한 기술적 분석은 단기 투자자에게 여전히 유용한 수단이다. 거기에 부의 거울이 보여주는 미래의 전망을 추가한다면 훨씬 든든하겠지만 말이다.

# 12
# 다시 보니, 현재라는 선물

・ ・ ・

어제는 역사고 내일은 미스터리라면
오늘은 선물이다.

— 엘리너 루스벨트 —

인간은 미래를 내다보는 동물이다. 펜실베이니아대학 심리학 교수인 마틴 셀리그먼은 이를 두고 '호모 프로스펙투스'라 명명했다. '전망하는 인간'이라는 말이다. 셀리그먼은 《전망하는 인간, 호모 프로스펙투스》에서 땅에 발을 디디고 살아가는 동물 중 오직 인간만이 시간의 축에 서서 과거를 회고하고 현재를 직시하며 미래를 전망하는 사고가 가능하며, 그렇게 '예측 역량'을 갖게 된 인간만이 자연 선택에서 살아남아 오늘날 지구의 패자가 될 수 있었다고 말한다. 전망과 예측의 욕구는 인간이 종교를 만들고 경제를 도모

하며 사회를 완성하는 데 중요한 동력이 됐다.

셀리그먼은 인간이 전망하는 능력을 가지게 되면서부터 돈이 인류 역사에 등장하게 되었다고 말한다. 침팬지나 오랑우탄처럼 영장류들은 인간과 흡사한 신체를 가졌어도 미래를 전망하는 능력을 갖추지 못했기 때문에 돈이라는 신뢰 시스템을 만들지 못했다. 돈의 가치는 신뢰에 있다. 돈으로 생존에 필요한 먹을 것을 구매하고, 추위에서 체온을 지켜줄 모피를 살 수 있다는 사실을 모두 믿기 때문에 돈은 위력을 갖게 되었다. 셀리그먼은 이처럼 전망하는 능력을 가졌기 때문에 인간이 지금껏 자연의 지배자가 될 수 있었다고 주장한다.

인간은 미래를 예측하고 싶어 한다. 시간을 꿰뚫어 볼 천리안을 갖는 것이 인간의 욕망이리라. 매주 토요일 저녁 어김없이 돌아가는 로또 당첨 볼을 보기 1시간 전, 당첨 번호 6개가 떠오른다면 얼마나 좋을까? 하다못해 정초에 친척들과 벌이는 고스톱판에서 화투를 뒤집기 전에 다음 패가 보인다면 얼마나 좋을까?

내 일은 경기를 전망하고 주가를 예측하는 것이다. 조금이라도 예측이 삐끗하면 대번 사방에서 분노와 원망의 화살이 휙 날아든다. 마치 매일 아침 바윗덩어리를 산꼭대기로 밀어 올려야 했던 시시포스가 된 심정이다.

## 불가능의 가능성

어쩌면 나야말로 불가능한 전망을 내놓아야 하는 숙명을 짊어진 호모 프로스펙투스가 아닐까? 불가능에 도전하는 천형을 타고난 죄로 매일 각종 통계와 지표를 붙잡고 살바 싸움을 한다. 어떨 때는 스트레스가 과한 나머지 누워도 잠이 오지 않을 때가 많다. 2001년 상반기까지만 해도 증권 시장에서 가끔 이름이나 스쳐가는 수많은 이코노미스트 혹은 스트래티지스트 가운데 하나였다. 그런데 날 유명하게 만든 사건은 9·11 테러였다.

사정은 이랬다. 2000년 12월 잠시 500포인트 밑으로 떨어졌던 코스피는 2001년 들어 다시 오르기 시작했다. 그해 5월에는 주가가 630을 돌파하기도 했다. 증권 시장 분위기는 좋았고 낙관적 전망이 시장 전체를 지배했다. 그러나 내가 만든 예측 모델에는 그해 9월부터 다시 주가가 크게 하락하는 것으로 나타났다.

난 미친 척하고 이 지표를 믿었다. 그래서 9월에 주가가 500 밑으로 떨어질 수 있다고 전망하며, 투자자들에게 주식을 매도하라고 권유했다. 많은 사람이 코웃음을 쳤다. 이렇게 장이 좋은데 왜 주식을 팔아야 하냐는 거였다. 우연의 일치였을까? 9월 예상치 못했던 비극적 테러가 뉴욕 심장부를 강타했다. 아니나 다를까? 다음 날 주가는 500포인트 아래로 급락했다. 난 하루아침에 인류의 기억에 지워지지 않을 재앙적 사건을 족집게처럼 맞힌 이 시대의 노스트라다무스가 됐다.

내가 테러를 예측한 건 아니다. 이 세상에 미치광이 테러리스트가 여객기를 공중 납치해 쌍둥이 빌딩에 처박을 거라고 그 누가 상상이라도 할 수 있겠는가. 이유야 어쨌든 9·11 테러의 주가 급락과 반등을 정확하게 전망하면서 일약 증권 시장에 유명 인사로 등장했다.

그해의 애널리스트 평가에서 난 스트래티지스트 분야 2위에 올랐다. 스트래티지스트로 데뷔한 지 고작 8개월 만이었다. 그 후 각 언론의 평가에서 이코노미스트뿐 아니라 스트래티지스트 분야의 1위를 차지했지만, 그때처럼 기쁜 적은 없었다. 마치 호모 프로스펙투스의 정점에 올라선 기분이었다.

〈머니투데이〉는 '2001 화제의 금융인' 5명을 선정했는데, 위성복 조흥은행장, 김정태 국민은행장과 더불어 내가 2001년 우리나라 금융 산업을 선도한 사람으로 뽑히는 영광을 안았다. 내심 지구 반대편에서 벌어진 비극으로 내가 이런 덕을 봐도 되나 싶었다.

2004년에도 주가 방향을 거의 정확하게 맞혔다. 2003년 말에 2004년 초 주가 전망을 언급하며, 4월까지 오르고 5~8월에는 큰 폭으로 떨어지다가 이후 다시 지속적으로 오를 것으로 예상했다. 실제 그해 주가는 4월에 939까지 오른 후 4월 말부터 5월 사이에 폭락했으며 이런 하락세는 8월 초 717까지 이어졌다.

어떻게 그런 예측이 가능할 수 있었을까? 간단하다. 모든 지표가 거울처럼 미래를 조망해주기 때문이다. 수학 시간에 나를 가르치던 교사가 "답은 문제에 이미 다 주어졌다"라고 했던 말이 기억난다. 주가는 이미 지표에 다 주어져 있다. 그래서 난 이를 언제나 '불가능의 가능성'이라고 부르는 것이다.

## 가정법은 쓰지 말자

모든 지구상 동물 중에서 사람만이 가정법을 쓴다. 그도 그럴 것이 가정법을 쓰려면 달라진 과거가 지금 어떤 영향을 미칠지 머릿속에서 시뮬레이션을 돌려볼 수 있어야 한다.

가정법은 때로 투자자에게 치명적인 영향을 미친다. 이를 '가정법적 사고 What-if thought'라 하는데, 이는 우리가 현실에 집중하지 못하도록 궁지에 몰아넣는다. 이 사고는 이미 과거로 흘러간 일들에 대해 연연하도록 만들거나 아직 일어나지도 않은 일들에 대해 걱정하도록 이끈다. '했더라면' 사고를 통해 후회를 연습하고 과거의 기억을 조작하려 한다. 이는 모든 종류의 끔찍한 결과들을 상상함으로써 쉬지 않고 스스로를 고문하는 꼴이다.

과거는 이미 지나간 역사 History일 뿐이고, 미래는 불확실한 미스터리 Mystery일 뿐이다. 지금 살고 있는 이 시간만이 신이 우리에게 허락한 선물 Present이다. 모든 경우의 수는 불충분한 사고 실험을 통해 완전히 통제되지 않으며, 외부의 요인과 각종 변수에 의해 매번 우리의 생각에서 벗어나는 일들로 발생하기 때문이다.

주식창 앞에 선 우리는 용한 점쟁이도 아니며, 시간 여행을 다녀온 예언자도 아니다. 부정적인 결과에 어떻게 대처할지 정신적으로 연습하는 건 유용성에 한계가 있다. 이를 두고 어니 젤린스키는《느리게 사는 즐거움》에서 우리가 평소 하는 걱정거리의 40%는 일어나지 않을 사건들에 대한 것이며, 30%는 이미 일어난 사건들, 22%는 사소한 사건들, 4%는 우리가 바꿀 수 없는 사건들에 대한 것이고, 오로지 나머지 4%만이 우리가 대처할 수 있는 걱정거리라고 말한다.

영국의 위대한 지질학자 찰스 라이엘은《지질학의 원리》(1830)에서 '현재는 과거를 푸는 열쇠'라는 말을 남겼다. 찰스 다윈은 비글호에서 라이엘의 책을 읽고 장대한 기간 위에서 진화론이라는 거시적인 패러다임을 완성할 수 있었다.

현재는 과거를 푸는 열쇠라니 과연 어떤 의미일까? 난 이 의미를 최근에서야 알게 됐다. 현재가 바뀌면 과거도 바뀌는 것이다. 현실에 충실하라. 그러면 내 부족했던 과거도 바뀐다. 엄밀히 말하면 과거가 바뀌는 게 아니라 과거의 '의미'가 바뀌는 것이지만 말이다.

# 2장

# 반영의 ✦ 거울

과거는 그림자를 남기지만 현재는 인상을 남긴다. 부의 거울은 과거를 비추는 동시에 현재 눈앞에 펼쳐지는 상황을 가감 없이 보여준다. 중국 당나라 때 작가 왕도王度가 쓴 소설《고경기古鏡記》에는 겉모습만 비춰주는 게 아니라 내면까지 비춰주는 '보물 거울寶鏡'이 등장한다. 이름 그대로 '고경'은 '옛 거울'이라는 뜻이니 대대로 가문 내에서 전해지는 가보였을 게 분명하다. 이 신기한 거울은 진기명기를 선보이며 곤경에 빠진 주인공을 돕는다.

소설 속 거울은 사악한 기운이나 악귀를 몰아내는 영험함이 있었으니 '요술 거울' 이라 불러도 무방했다. 그뿐 아니다. 곧 죽을 것처럼 병상에 누워 있는 병자를 거울로 비추면 즉시 열이 내리고 혈색이 돌아와 질병이 나았다. 거울을 꺼내 들면 파도가 돌연 잠잠해지고 자연재해도 물러갔다. "내가 보물 거울을 꺼내 비추자, 강의 파도는 밀려오지 못하고 구름이 솟아 있듯이 우뚝 서버렸다."

이처럼 소설 속 거울은 요사스러운 귀신을 물리치는 기능과 잡귀를 쫓는 기능, 자연재해를 멈추게 하는 기능, 치유하는 기능, 부유해지는 기능까지 있었다. 세상에 이런 거울 하나 있으면 얼마나 좋을까 싶지만, 부의 거울은 그리 먼 곳에 있지 않다. 매체나 뉴스를 통해 접하는 모든 지표와 정보가 오늘의 세계 경제를 담아내는 반영의 거울이며, 그 속에 돈의 흐름이 보이기 때문이다. 2장에서는 21세기 오늘을 사는 우리에게 꼭 필요한 부의 거울을 하나씩 살펴보자.

# 13
## 관점의 무서움

자, 이번에는 그림 맞추기다. 잠깐 멈추고 호흡을 가다듬은 다음 그림을 한번 보자. 맨 먼저 눈에 띄는 게 무엇인가.

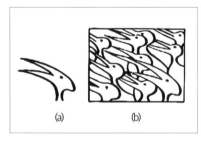 

이 그림은 《벌거벗은 임금님》처럼 착한 사람에게만 보이는 게 아니다. 왼쪽 그림부터 다시 보자. (a)는 왼쪽을 보는 새 그림일까, 오른쪽을 보는 영양 또는 토끼 그림일까? 토끼? 아니면 새? 뾰족 튀어나온 부분을 귀로 보면 토끼가 보이고, 부리로 보면 새가 보인다. 50% 확률이다. 하나를 찍어보자.

답을 정했으면 이제 (b)를 보자. 새들로 보이는 그림을 옆에 놓고 다시 (a)를 보면 대번 그림에서 새가 보인다. 그러나 그 옆의 그림처럼 영양이나 토끼로 보이는 그림을 보고 나서 (a)를 보면 이번에는 영양(토끼)으로 보인다. 과연 뭐가 맞는 것일까?

유명한 이 그림을 폴 새뮤얼슨의 책 《새뮤얼슨의 경제학》에서 처음 접했다. 새뮤얼슨은 이 그림을 노우드 러셀 한센이 쓴 《과학적 발견의 패턴》에서 가져왔다. 이 그림은 단순해 보이지만, 평소 현상 자체보다 현상을 바라보는 관점이 얼마나 중요한지 말해주고 있다.

이와 유사한 그림이 토머스 쿤의 《과학혁명의 구조》에도 등장한다. 쿤은 책에서 과학의 역사를 단절로 정의하면서 이전까지 토끼의 귀로 보던 관점이 오리 부리로 보는 관점으로 바뀌는 과정을 '패러다임 시프트Paradigm shift', 즉 관점의 전환이라고 봤다. 어쩌면 경제학이 다루는 무수한 통계와 지표 역시 이런 관점과 패러다임의 전환이 아닐까?

## 경제학이란 관점 놀이

세상 모든 것이 관점, 프레임, 패러다임의 문제일지 모른다. 경제 역시 어떤 관점에서 보느냐에 따라 한 치 앞도 보이지 않을 만큼 암울할 수도 있고, 장밋빛 희망을 약속할 수도 있다.

마르크스 경제학의 안경을 통해 오늘날 임금 문제를 들여다보면 대번에 자본가가 노동자를 착취하고 있는 장면을 찾아낼 수 있다. 반면 케인스 이전 고전 경제학의 안경을 통해 경제 공황과 실업 문제를 들여다보면 정부의 조세와 지출 정책이 변동하는 힘 때문이라고 대수롭지 않게 생각할 수도 있다. 110쪽 그림이 말해주는 것처럼 경제학을 비롯한 사회과학의 특징은 자기가 배운 이론이나 해석에 따라 다양한 결론이 가능하다는 점이다.

현상은 하나지만 해석은 여러 갈래로 나뉠 수 있다. 파레이돌리아Pareidolia라는 단어가 있다. 모호하고 연관성이 없는 현상이나 자극에서 일정한 패턴을 추출해 연관된 의미를 추출하려는 심리 현상 혹은 여기에서 비롯된 인식의 오류를 나타내는 말이다.

상사병에 걸린 사내 눈에 푸른 하늘에 떠 있는 구름은 님의 얼굴이고, 며칠 쫄쫄 굶은 비렁뱅이 눈에는 오븐에서 갓 구워낸 빵처럼 보일 것이다. 파레이돌리아는 그리스어의 '나란히, 함께'를 의미하는 '파라Para'와 '이미지, 형태'를 의미하는 '에이돌론Eidolon' 조합으로 탄생했다.

파레이돌리아는 어떤 현상에서 일정한 유형을 찾아 익숙한 의미를 찾아내려는 인간의 주관적 욕구가 빚어낸 착각인데, 유사한 사례를 주변에서 찾을 수 있다. 미국 우주탐사선이 화성의 사이도니아 평원을 찍은 흑백 사진에서 사람이 준설한 건축물을 발견하거나, 눈이 드문드문 녹은 평원에서 예수 그리스도의 초상화를 찾아내는 식이다. 이런 맥락적 오류에 빠지면 눈앞에 보이는 명백한 사실에도 눈멀게 된다.

나도 이런 경험이 있다. 9·11 테러가 일어났을 때 일이다. 앞서 말한 것처럼 예측 모델에 따라 2001년 9월에 주가 급락을 예고했다. 내 모델에 의하면, 급락한 뒤 그해 10월부터는 주가가 다시 크게 오르는 것으로 예측됐다. 주가가 490 안팎에서 움직일 때 펀드매니저를 비롯한 모든 투자자에게 주식을 사라고 강력하게 권유했다.

그러나 3,000여 명의 죽음과 함께 찾아온 뉴욕 쌍둥이 빌딩의 붕괴는 투자자들에게 공포를 가져다주기에 충분했다. 당시 한 공중파 방송국에서 기자가 날 찾아왔다. 앞으로 주가 전망을 말해 달라는 것이었다. 주저하지 않고 연말에 주가가 700포인트 정도까지 오를 것이니 지금 주식을 사라고 했다.

그러자 기자는 미간을 찌푸리며 '장사꾼' 같은 얘기 말고 사실을 말해달라고 거듭 강조했다. 지금 전쟁이 났는데 어떻게 주가가 오를 수 있느냐면서 말이다. 대부분의 증권사 직원은 주가를 낙관적으로 보는 습성이 있다는 말도 덧붙였다.

참담했다. 진실을 말하고 있는데, 기자는 내가 물건을 팔려는 장사꾼처럼 보인 모양이다. 그 기자를 보내고 쓸쓸히 주가가 변동하는 컴퓨터 화면을 살펴보는데 다시 전화벨이 울렸다. 다른 방송사 기자의 인터뷰 요청이었다. 그 기자는 앞으로의 주식 시장을 낙관적으로 보는데, 주변에 그렇게 전망하는 전문가가 거의 없다며 하소연했다.

난 오래전에 헤어진 임자를 다시 만난 것처럼 반가운 마음에 인터뷰를 응했고, 그렇게 낙관적 견해는 그날 해당 매체를 타고 세 번씩이나 보도됐다. 그 기자는 사무실을 나서며 내게 엄지를 치켜세우고는 냉엄한 시장의 평가에도 불구하고 꺾이지 않은 소신과 고집에 감동했다는 말을 덧붙였다.

그날 이후로 주가는 내 예상대로 상승해서 2001년 말에는 693 포인트까지 올라 거의 700에 근접했다. 낙관적 견해를 피력했던 그 기자는 알고 보니 방송국 내에서 '족집게 기자'로 소문난 인물이었다. 그러고 보니 그날 족집게 기자가 족집게 애널리스트를 만난 것이다.

그 사건 이후로 기자나 애널리스트의 시각이 얼마나 중요한지 깨달았다. 경제 방송을 보거나 라디오를 들을 때 혹은 신문에서 경제 관련 기사를 읽을 때마다 기자들의 시각에서 경제 상황을 새롭게 생각해보게 됐다. 같은 자료도 전혀 다른 각도에서 보면 다른 그림이 보인다.


## 루머와 음모론, 그리고 해석

음모론과 해석은 종이 한 장 차이일 때가 많다. 주어진 정보와 데이터를 바탕으로 어떤 태도로 분석하느냐에 따라 때로 치명적인 음모론이 되기도 하고 건전한 해석이 되기도 한다. 시장은 예부터 온갖 루머와 음모론이 판을 치는 곳이다. 정확한 해석과 근거 없는 음모론은 네 가지 기준에 따라 구별할 수 있다. 근거와 증거, 논리적 일관성, 정보의 출처, 의도와 동기가 그것이다.

첫째, 근거와 증거가 다르다. 음모론은 종종 신뢰할 수 없는 출처에 기반하거나 명확한 증거가 부족한 상태에서 전개된다. 단편적인 정보나 관련 없는 자료를 연결해 사실로 보이게 만든다. 반면 건전한 해석은 신뢰할 증거와 논리적인 분석에 기반한다. 사실에 근거해 정보를 해석하며, 그 해석이 학계나 전문가 사이에서 널리 받아들여지는 경우가 많다.

둘째, 논리적 일관성이다. 음모론은 종종 논리적 일관성이 부족하고, 한 가지 주장 속에서도 서로 모순된 주장을 포함한다. 무엇보다 반증 가능성이 낮고, 앞의 주장과 뒤의 주장이 다르다. 반면 건전한 해석은 논리적으로 일관되며, 반증 가능성을 허용한다. 다시 말해 새로운 증거가 나타나면 해석을 바로 수정한다.

셋째, 정보의 출처다. 음모론의 출처는 종종 신뢰할 수 없는 웹 사이트나 소셜미디어, 익명의 제보 등으로 한정된다. 이런 출처는 검증되지 않은 정보나 왜곡된 사실을 제공하며, 결론에 책임지지 않는다. 반면 건전한 해석은 신뢰할 학술 논문, 공신력 있는 뉴스 매체, 공식적인 기관 등의 출처를 활용한다.

넷째, 의도와 동기다. 음모론은 종종 대중의 두려움과 시장의 불안, 불신을 조장하려고 만들어지며 특정 이익 집단의 정치적·경제적 이익을 위해 활용된다. 일반적으로 음모론은 결론을 미리 정해놓고 그에 따라 근거를 모자이크처럼 수집한다. 반면 건전한 해석은 정보에 대한 객관적이고 중립적인 접근을 통해 사실에 기반한 합리적 결론을 도출하려고 한다.

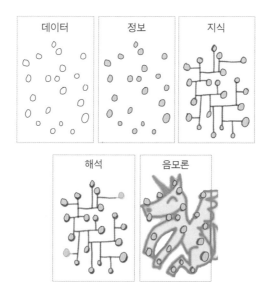

음모론은 서로 연관성이 없는 점들을 연결해 유니콘을 만드는 것과 같다. 반면 합리적이고 건전한 해석은 투자자가 객관적인 관점과 시야가 폭넓을 때 비로소 얻을 수 있다. 투자자라면 음모론에 빠지지 않기 위해 어떻게 해야 할까?

난 제자들에게 사자의 눈과 사슴의 눈을 모두 가져야 한다고 말한다. 사자는 눈이 머리 앞쪽에 달려 있다. 이를 양안시兩眼視라고 한다. 양안시는 시야가 좁은 반면, 사냥감을 포착하고 이동 거리와 목표물의 크기·형태를 파악하는 데 안성맞춤이다.

사슴은 눈이 머리 옆쪽에 달려 있다. 이를 주변시周邊視라고 한다. 주변시는 주변을 두루 볼 수 있어 덤불에 숨은 포식자가 언제 튀어나오는지 살피다가 여차하면 달아날 수 있게 해준다.

투자자라면 이 두 관점을 모두 가져야 한다. 양안시는 하나의 목표에 집중하는 힘을, 주변시는 상황과 분위기를 파악하는 힘을 준다. 난 아들에게 양안시와 주변시를 모두 갖춘 다초점렌즈처럼 경기지표를 보라고 말한다. 그러면 아들은 농담 삼아 "그러다가 사팔뜨기 되는 거 아닌가요?"라며 되받아친다. 맞다!

우리는 두 가지 거울을 모두 가져야 한다. 토끼 한 마리를 뒤쫓더라도 최선을 다하는 사자처럼 한 지표를 물고 늘어지는 현미경 같은 분석이 필요하다. 동시에 사슴이 옹달샘에 나와 물을 마실 때도 늘 긴장을 늦추지 않고 주변을 사주 경계하듯 경제·사회·문화·정치 등 주변의 움직임을 예의주시해야 한다.

마지막으로 관성이 붙은 관점을 조심해야 한다. 내가 봐왔던 방식대로 지표를 보면 투자자로 하여금 현실의 변화를 발 빠르게 따라갈 수 없게 만든다. 익숙한 것을 새로운 관점으로 보는 연습이 필요하다.

기시감을 뜻하는 '데자뷔<sup>déjà-vu</sup>'를 거꾸로 하면 '뷔자데<sup>vu-jàdé</sup>'다. 뷔자데는 익숙한 것을 새로운 관점 또는 신선한 시각으로 보는 것을 말한다. 한마디로 이미 전에 수백 번 경험한 것을 마치 첫 경험처럼 느끼고 행동하라는 것이다. 이는 《역발상의 법칙》을 펴 낸 스탠퍼드대학 경영학 교수 로버트 서튼이 '역발상 12법칙'을 설명하며 만든 말이다. 현상을 기존의 방식이 아닌 역발상으로 읽어내는 노력, 투자자라면 꼭 가져야 할 자세가 아닐까?

# 14
# 거시와 미시의 갈림길에서

• • •

인생은 가까이서 보면 비극이지만
멀리서 보면 희극이다.

— 찰리 채플린 —


시장은 생물이다. 시장은 곱게 말려 박제된 실험실의 표본이
아니다. 도리어 시장은 역동적으로 움직이고 끊임없이 변하는 개
체다. 따라서 어느 한곳을 뒤진다고 해서 시장의 전모를 다 밝힐
수 없다. 한곳을 분석하는 동안 다른 곳이 이미 변했기 때문이다.
경제학을 비롯한 사회학이 안고 있는 분석의 어려움이다.

그래서 변화무쌍한 삶의 언저리에서 살아가며 크고 작은 사건
사고의 충격파를 흡수하고 되먹이는 시장을 보고 있노라면 형언
할 수 없는 경외감마저 든다. 시시각각 카멜레온처럼 변신하는

시장을 과연 어떤 관점에서 봐야 할까?

경제학에서는 크게 나눠 거시巨視와 미시微視라는 두 가지 관점이 존재한다. 쉽게 말해 거시가 '크게' 보는 것이라면, 미시는 '작게' 보는 것이다. 거시가 숲을 보는 것이라면, 미시는 나무를 보는 것이다. 거시적 관점에서 시장을 바라보면 한 국가나 세계 전체의 경제 현상을 바라보다 보니 국민소득이나 물가, 고용, 이자율, 환율 같은 굵직한 경제 변수 간의 상호 관계나 경제 정책의 영향 등이 눈에 들어온다. 이를 뭉뚱그려 '거시경제학'이라고 부른다.

내가 대학에서 평생에 걸쳐 연구한 분야가 거시경제학이다. 단기적인 주가나 물가를 반영해 내일의 주식 시장을 전망하는 일반 애널리스트와 달리 거시경제학자는 세계 각국에서 발표하는 여러 경제지표를 취합해 전체적인 경제 흐름을 전망한다.

미시경제학은 가계와 기업 등 개별 경제 주체 간의 상호 행위에 의해 재화와 서비스의 가격과 거래량이 어떻게 결정되는지 설명하는 분야다. 거시와 미시는 서로 연결돼 있다. 거시와 미시는 한 물체를 관찰하는 두 가지 방법, 즉 시력이 서로 다른 양쪽 눈이라고 할 수 있다.

거시와 미시의 차이점은 장님이 코끼리를 만지는 얘기에 비유할 수 있다. 생전에 코끼리를 본 적이 없는 장님이 코끼리의 서로 다른 부위를 만지고는 코끼리는 기둥이다, 코끼리는 벽처럼 생겼다, 코끼리는 창과 같다 등 다양한 주장을 한다. 코끼리는 그들이 얻은 경험치의 단순한 합집합이 아니다. 그렇다고 그들의 세부적인 설명이 틀렸다고 할 수도 없다.


## 거시와 미시의 관계

거시적 관점은 개별적인 나무 하나하나를 보기보다는 나무가 모여 이루는 숲 전체를 보는 관점이라고 할 수 있다. 나무보다 숲을 보려면 일단 다루는 통계의 규모나 범위가 크므로 더 많은 자료가 필요하다. 거시경제학자는 한 나라의 경제 상황을 분석하고 GDP와 국민소득, 물가, 실업률뿐 아니라 국제 무역수지나 유가, 환율 등 세계 경제지표를 함께 들여다봐야 한다. 현미경보다는 망원경을 도구로 활용한다.

미시적 관점에서 시장을 바라보면 소비자와 생산자 하나하나의 경제 주체들이 제한된 재화나 자원을 시장에서 최적으로 사용하는 방식이 먼저 눈에 들어온다.

거시경제학자와 반대로 미시경제학자는 숲보다는 나무 하나하나에 관점을 집중한다. 가계와 기업의 수입과 지출, 가계 부채와 저축 등 한 나라의 시장 속에서 개인과 가계, 기업이 어떤 경제 행위를 진행하는지 분석해 설명한다.

미시경제학자라고 해서 거시적 경제 흐름을 무시할 수 없고,

거시경제학자라고 해서 개인과 가계의 수입과 지출을 소홀히 할 수 없다. 분명 두 관점은 정반대의 시선으로 경제를 바라보고 있지만 동시에 같은 표본을 연구한다는 공통점이 있다.

비유를 들어보자. 물리학이나 생물학은 미시의 세계를 연구하는 학문이다. 원자와 세포의 움직임을 알아야 전체를 이해할 수 있다. 물리학이 원자와 분자, 소립자의 움직임과 상호작용을 연구한다면 양자역학은 원자와 전자의 운동을 연구한다. 생물학이 동식물의 구조와 기능을 연구한다면 분자생물학은 세포의 구조와 기능, DNA와 RNA의 상호작용, 미생물의 활동 등 개별 생명체나 그 구성 요소를 세밀하게 다룬다.

육안으로 생물과 물체의 미시적 세계를 볼 수 없어 물리학자나 생물학자는 전자현미경에 의존할 수밖에 없다. 하지만 물리학에도 천체물리학자가 있고, 생물학에도 박물학자가 있다. 이들은 현미경이 아닌 망원경을 들고 연구에 임한다.

이와 같이 미시적 연구는 경제의 가장 기본적인 단위에서 일어나는 교환과 거래를 분석하고, 거시적 연구는 이를 여러 통계를 통해 보완한다. 거시적 현상은 미시적 구성 요소의 집합적 결과다. 기체의 압력이 개별 분자들의 충돌과 운동의 결과로 나타난다면, 경제학에서 국가의 경제성장률은 개별 기업의 성과와 소비자의 지출 패턴에 의해 결정된다.

물리학에서는 통계역학을 통해 미시적 입자의 운동을 거시적

열역학적 성질로 연결한다면, 경제학에서는 미시적 데이터와 모델을 사용해 거시적 경제지표를 예측한다. 이처럼 거시적 관점과 미시적 관점은 서로 다른 범위와 스케일을 다루지만 상호 보완적으로 사용돼 전체 시스템에 대한 깊은 이해를 제공한다.

## 미시적 관점, 전체는 부분의 합이 아니다

그렇다고 전체가 모두 부분의 합에서 나온 건 아니다. 1 더하기 1이 반드시 2는 아니라는 말이다. 경제학의 출발은 미시적 관점에서 나왔다. 애덤 스미스는 《국부론》(1776)에서 시장의 형성이 오로지 이윤을 추구하려는 인간의 이기심에서 비롯한 것이라 설명했다.

> 우리가 저녁을 먹을 수 있는 건 푸줏간 주인, 양조장 주인 혹은 빵집 주인의 자비심 덕분이 아니라 이익을 추구하려는 그들의 이기심 때문이다.

쉽게 말해서 내가 빵을 만들어 파는 이유는 굶주린 이웃을 불쌍히 여기는 마음이라기보다 이웃의 굶주림을 이용해 돈을 벌기 위함이란 뜻이다.

그 유명한 '보이지 않는 손'이 이 지점에서 등장한다. 누가 인위적으로 손대지 않아도 '보이지 않는 손'이 나타나 시장의 질서와 균형을 맞춘다는 것이다. 이런 현상을 통계물리학에서는 자기조직임계성Self-organized criticality이라고 한다. 가만히 내버려둬도 시스템이 알아서 저절로 임계점에 도달한다는 뜻이다.

이처럼 고전경제학자는 시장의 자율적인 평형을 굳건히 믿었다. 어떤 의미에서 미시경제학자는 자유 시장 경제 체제에서 합리적이고 이성적인 인간이 지극히 이기적이고 자기 편향적인 의사 결정을 내려줄 거라고 확신했다.

그러나 미시적 관점에서 도저히 설명할 수 없는 상황이 터졌다. 1920년대 경제 대공황이 세계 시장을 쑥대밭으로 만들었으니 말이다. 대공황은 기존의 이론이 허점이 있다는 사실을 간접적으로 증언했다. 이때 한 인물이 등장한다. 존 메이너드 케인스다.

케인스는 마르크스가 죽었던 1883년에 태어났다. 1936년 영국 재무성에 있으면서 세계 대공황에 대한 원인을 분석한 《고용·이자 및 화폐에 관한 일반이론》을 내놓았다. 이 책은 이전까지 애덤 스미스로 대변됐던 자유주의 경제 체제에 일대 수정과 변화를 불러일으켰다. 수정주의였다. 1 더하기 1은 반드시 2가 아니다.

수정주의 골자는 이렇다. 공급이 수요보다 많아지면 정부가 개입해 수요를 창출시켜 해결해야 한다. "빈 병을 땅에다가 파묻고 정부가 사람을 고용해 빈 병을 파내라"라는 케인스의 명언은 이를 잘 설명해준다.

케인스는 '유효수요Effective demand'라는 개념을 통해 과감한 경기 부양책을 주문했다. 그렇게 1933년 뉴딜 정책이 시행됐다. 단기간에 고용을 늘리기 위해 대규모 토목 사업을 진행했다. 뉴딜 정책은 경제 정책에 중대한 변화를 일으켰다. 경제와 화폐 공급, 물가, 농업 생산량에 대한 정부의 통제와 간섭이 정당화됐다. 이후 프리드리히 하이에크가 등장해 케인스의 수정주의를 다시 수정했다. 오늘날 경제학에서는 두 거장을 모두 맞는 이론가로 본다.

거시든 미시든 시장은 복잡계에서 펼쳐지는 물리적 힘의 작용처럼 다양한 변수에 의해 제 모습을 달리한다. 마치 무대에 올라 수십 번 얼굴을 바꾸는 중국의 변검을 보는 것 같다. 그럼에도 그 변화는 일정한 수렴과 발산을 반복한다. 뭉쳐야 할 때 뭉치고 흩어져야 할 때 흩어진다.

세상과 시장을 바라보는 눈도 이와 같다. 인생을 거시적 관점에서 보느냐, 미시적 관점에서 보느냐에 따라 전혀 다른 전경이 눈앞에 펼쳐진다. 그래서 찰리 채플린은 인생이란 가까이서 보면 비극이고 멀리서 보면 희극이라고 말한 게 아닐까?

## 15

# 신뢰라는 무게, 그 위에 놓인 시장

● ● ●

순진한 이의 신뢰는
거짓말쟁이가 이용하기 딱 좋은 도구다.
— 스티븐 킹 —

2024년 3월 비트코인이 장중 1억 원을 호가하며 암호화폐 무
용론과 활용론이 다시 한번 첨예하게 맞붙고 있다. 국내에 비트
코인 광풍이 불었던 시기, 유시민 작가가 TBS〈김어준의 뉴스공
장〉(2018년 1월 30일)에 출연해 "비트코인은 역사상 가장 난해하고
우아한 사기"라고 지적했다.

　JTBC〈썰전〉(2017년 12월 7일)에서 유시민 작가는 "똑같은 공학
자들이 TV에 나와 블록체인과 암호화폐를 분리할 수 있느냐 없
느냐를 놓고 설전을 벌이는데, 내가 보기에 블록체인 기술을 분

리할 수 있느냐 없느냐와 상관없이 암호화폐를 규제해야 한다고 본다"고 했다. 이어서 비트코인은 17세기 한때 유럽 경제를 쑥대밭으로 만들었던 '튤립 사기'와 닮았다고 비판했다.

상대 패널로 나선 비트코인 옹호론자가 당시 유시민 작가의 주장에 어떻게 반박했는지 정확하게 기억나진 않는다. 어렴풋이 떠오르는 말은 "기술적으로 부족한 부분이 있다면 차차 고치면 되며, 비트코인이 시장 가치가 있는지 없는지 문제는 기술의 완성도보다는 대중의 신뢰에 달렸다"라는 게 전부다.

이후 다시 한번 비트코인 랠리를 경험했고, 한 방송이 1년 뒤 유시민 작가를 찾아 암호화폐와 블록체인 기술에 대한 기존 비판에 변화가 없는지 물었다. 그때도 유시민 작가는 소신에 변함이 없다면서도 "만에 하나 자신이 틀렸다면 손해는 내 몫"이라며 이전에 보였던 강고함에 비해 조금 소심해진 듯한 인상을 받았다.

투자자들 사이에서도 의견이 분분한 것 같다. 암호화폐 광풍을 바라보며 워런 버핏은 "값이 3달러라도 비트코인 같은 건 안 산다"라고 호언장담했고, 동료 찰리 멍거는 심지어 비트코인을 '역겨운 것'으로 몰아세웠다.

경제학자들은 대체로 비트코인에 대해 부정적인 입장을 견지하는 것 같다. 미국 연방준비제도이사회(연준)의 프레데릭 미쉬킨 컬럼비아대학 교수가 대표적이다. 미쉬킨 교수는 비트코인이 진정한 미래의 화폐가 될 수 없을 것이라고 내다봤다. 비트코인의 시장 가격이 너무 불안정하며 가치 저장 수단으로 볼 수 없다는 것이다. 뉴욕대학 애스워드 다모다란 교수 역시 비트코인이 가치 저장성에 있어 통화의 기준을 제대로 충족시키지 못하므로 화폐로서 기능하기 힘들 거라고 전망했다.

개발자들은 대체로 비트코인도 화폐의 하나라고 말한다. 지금 당장 암호화폐의 기술을 갖고 화폐의 가치와 기술 잠재성을 섣불리 판단해선 안 된다는 것이다. 애플의 공동창업자 스티브 워즈니악은 기회가 될 때마다 줄기차게 비트코인이 금보다 가치 있다고 말해왔다.

스티브 워즈니악은 비트코인의 등락을 믿을 수 없다면 그보다 낙폭이 더 심한 금과 달러 시장은 어떻게 믿을 수 있는가라고 되묻는다. 페이팔의 창업자이자 《제로 투 원》의 저자 피터 틸도 비트코인을 '사이버 금'에 비유하며 향후 엄청난 시장 잠재력이 있다고 주장한다. 과연 비트코인은 무엇이고, 암호화폐 투자는 어떻게 해야 할까?

## 시장과 신뢰의 관계

유튜브 방송을 진행하다 보면 내게도 비트코인이 향후 화폐로 기능할 수 있는지, 과연 투자 가치가 있는지 묻는 사람들이 적지 않다. 일단 비트코인을 말하기에 앞서 화폐와 신뢰 관계부터 이야기하고 싶다.

'신뢰'는 시장을 구성하는 매우 중요한 주춧돌이다. 경제지표니 통계니 여러 숫자를 가지고 얘기해도 결국 모든 얘기는 사람과 사람 혹은 사람과 기관의 신뢰로 귀결된다.

단연코 시장을 움직이는 힘은 신뢰다. 믿는 사람이 많다면 분명 시장은 대중이 믿는 방향으로 이동한다. 각종 변수를 이끄는 힘도, 여러 변인을 무력화하는 힘도 따지고 들어가다 보면 시장, 즉 대중의 신뢰와 불신에서 나온다. 더 간단히 말하면 화폐가 시장에서 통용될 수 있다는 신뢰, 화폐가 일정한 가치가 있을 거라는 믿음이 그 화폐를 값어치 있게 만든다.

화폐에 대한 신뢰가 무너지면 돈의 가치가 증발하는 사례를 지금 이 시간에도 볼 수 있다. 2017년 베네수엘라에서 빵 한 덩이를 사려면 돈을 가득 실은 수레를 가져가야 할 정도로 화폐 가치가 떨어진 적이 있다. 돈의 가치가 거의 없다 보니 길거리에 돈을 뭉텅이로 쌓아둬도 가져가는 사람이 없을 정도다.

짐바브웨는 이보다 더 심각하다. 2008년 짐바브웨를 강타한 초인플레이션은 100조 짐바브웨달러로 달걀 2개를 살 수 있는 사태로 국민을 몰아넣었다. 상황이 이렇다 보니 시장에 대한 신뢰가 없는 국민은 자국 화폐를 버리고 달러로 갈아탄다. 북한이 대표적이다. 2009년 불시에 화폐 개혁을 단행해 말 그대로 '고난의 행군'을 가속화했고, 현재 장마당에서는 북한 화폐를 대놓고 무시하고 있다 한다.

난 비트코인에 대해 거시경제를 전반적으로 분석하는 애널리스트이자 투자 전략을 구상하는 스트래티지스트로서 상반된 입장이다. 신뢰와 불신은 시장을 붙들고 흔드는 중요한 변수다. 온갖 시장의 지표가 '가리키는' 핵심은 사람과 사람 사이의 신뢰다. '지표指標'라는 말 자체가 '손가락으로 가리키다'라는 의미다. 금본위제가 폐지된 마당에 '달러'라는 한 나라의 통화가 왜 전 세계를 호령하고 있을까? '페트로 달러'니 '기축통화'니 어떤 식으로 부르든지 달러에 대한 대중의 신뢰 외에 다른 이유를 찾을 수 없다.

그래서 스티븐 코비 박사는 《신뢰의 속도》에서 신뢰의 속도만큼 빠른 것은 없으며 신뢰만큼 높은 수익을 가져다주는 것도 없다고 말했다. 신뢰가 미치는 광범위한 영향만큼 파급력이 큰 것은 없다. 아들에게 경제학자라면 심리학을 함께 공부해야 한다고 말하는 건 이미 상식이 돼서 그렇다.

행동경제학자 대니얼 카너먼과 아모스 트버스키가 경제학에 심리학을 접목한 '전망 이론'을 내놓은 이유도 여기에 있다. 경제학의 토대를 놓은 애덤 스미스가 《국부론》을 쓰기 전 인간의 감정과 심리를 연구한 《도덕 감정론》(1759)을 썼던 이유도 여기에 있다. 그래서 로버트 쉴러는 "경제학은 감정과 심리학에 관한 학문"이라고 말한 것이다.

## 비트코인 투자

비트코인이 화폐로서 가치를 가지려면 무엇보다 시장의 신뢰를 얻어야 한다. 다수가 비트코인을 돈으로 믿는다면 비트코인은 얼마든지 돈이 될 수 있다. 조개가 내재적 가치가 있어서 역사상 돈으로 쓰였던 게 아니다. '모두' 조개를 가치가 있다고 '믿었기' 때문이다.

비트코인 투자는 전체 투자 포트폴리오에서 10% 이내로 정하는 게 좋다. 비트코인의 가격은 달러와 미국 금리가 결정한다. 미국 달러와 비트코인 사이의 상관계수를 구해보니 역상관 관계에 있다는 사실을 발견했다. 즉 금리가 올라가면 비트코인 가격은 내려가고, 금리가 내려가면 상대적으로 비트코인 가격은 올라간다. 결국 미국 기준금리가 내려가고 달러 가치가 떨어지면 비트코인 투자에 적기라고 보면 된다. 일시적으로 조정을 받거나 횡보할 수 있으나 전체적인 흐름이 올라간다고 볼 수 있다.

다만 비트코인을 비롯한 암호화폐 투자에서 주의 사항이 있다. 암호화폐는 주식처럼 국가가 운영하는 거래소 대신 민간 기업이 운영하는 사설 거래소에서 거래한다. 오전 9시에서 오후 3시까지 일정한 시간에만 거래하는 주식 시장과 달리 암호화폐 거래소는 1년 365일 주말과 휴일 없이 24시간 내내 운영한다. 상황이 이렇다 보니 잘못하다가는 투자로 인해 평범한 일상이 무너질 수 있다.

암호화폐 거래소에서 해킹 사고가 심심찮게 발생하는 것도 문제다. 아직 암호화폐가 제도권 안으로 완전히 편입되지 못했으므로 법과 제도가 미비한 점, 업체 간 난립으로 과열 경쟁이 일어난 점, 기술적으로 보안을 충분히 다각화하지 못한 점 등 여러 이유가 있을 것이다. 안전한 자산 관리를 위해 거래소 계좌에 있는 암호화폐를 개인 지갑으로 옮겨놓는 것도 좋은 방법이다.

연세가 있는 분들, 비트코인에 신뢰가 없는 분들이라면 굳이 비트코인 투자에 나설 필요는 없다고 생각한다. 그런 투자자에겐 비트코인 대신 금이 좋은 투자처가 될 수 있다. 지금까지 장기적으로 볼 때, 달러가 1% 떨어지면 금값은 1% 정도 오르는 경우가 많았다. 디지털 금으로서 비트코인과 금이 비슷한 곡선을 그리는 것도 참고하면 유익할 것 같다.

개인적인 전망인데, 비트코인이 법정화폐를 완전히 대체하고 일상 거래에서 자유롭게 쓰일 거라고 생각하진 않는다. 잘 아는 것처럼, 애초에 비트코인은 2008년 미국발 금융위기의 반작용으로 나온 것이다. 오늘날 과거처럼 미국 경제, 특히 미국 달러에 대한 신뢰가 충분하지 않다는 반증인 셈이다.

그렇다고 비트코인이 달러를 완전히 대체할 것 같진 않다. 화폐로 쓰이기엔 기술적으로 무리가 있는 게 사실이다. 비트코인이 화폐로서 기능하려면 가야 할 길이 멀지만 그럼에도 투자 수단으로는 계속 남아 있을 것 같다. 미국을 비롯해 전 세계 유수의 금융회사는 비트코인에 상당한 투자금을 묻어두고 있다. 오늘날 비트코인이 이미 시장에서 충분히 매력적인 투자처로 꽤 든든한 신뢰를 얻고 있다는 점은 부인할 수 없는 사실이다.

## 루머의 경제학

1929년부터 세계를 휩쓸었던 대공황은 사소한 루머로 시작됐다. 9월부터 미국 증권 시장에서 주가가 폭락하기 시작했는데, 뉴욕의 월스트리트 증권거래소가 징후를 잘못 읽으면서 일대 혼란이 일어났던 것이다. 주식에 투자했던 사람들은 최악의 손실만은 피하겠다는 일념으로 모두 은행으로 달려갔다. 여기서 '뱅크런Bank run'이라는 말이 처음 나왔다. 일시적으로 계좌에서 돈이 빠져나가면서 영세한 은행들은 자금 압박을 받기 시작했다.

10월 24일, '검은 목요일'이 닥치며 주식이 최악의 수준으로 떨어졌고, 그 과정에서 은행 약 1만 개가 문을 닫았다. 대공황 이전과 비교해 1933년까지 주가가 약 80% 이상 폭락했으며, 공업 생산은 평균 3분의 1 이상 감소했다. 실직자가 약 1,200만 명에 이르면서 미국인의 25%가 졸지에 직장을 잃어야 했다.

2001년 9·11이 발생했을 때도 비슷한 일이 벌어졌다. 유례없는 비상사태가 터지며 세계 증권가는 그야말로 충격에 휩싸였다.

투자자가 '패닉셀'에 나서자 주가가 하루아침에 곤두박질쳤다. 나역시 당시 시장이 받은 충격과 혼란을 아직도 생생히 기억한다. 증권사에 전화가 쉴 새 없이 걸려 와 정상 업무가 불가능할 지경이었다. 투자자를 공포에 몰아넣었던 루머가 시장을 강타했다. 급기야 워런 버핏이 방송에 직접 나와서 "나도 팔지 않을 테니 여러분 모두 시장을 믿고 주식을 사라"고 당부했던 것도 기억난다.

니얼 퍼거슨 하버드대학 교수는 화폐란 금속에 새겨 넣은 신뢰라고 했다. 문제는 그 신뢰가 사람들 마음속에 있다는 것이다. 그리고 사람들 입에서 입으로 전해지는 루머를 통해 그 신뢰는 쉽게 무너질 수 있다는 점이다.

사회학자 고든 올포트와 레오 포스트먼은 루머가 경제·사회·문화 전반에 미치는 영향을 연구했다. 두 사회심리학자에 따르면, 루머에도 일정한 법칙이 존재하는데 루머나 소문은 자신에게 전달 내용이 중요할수록, 상황이 불확실할수록 그 강도가 더 강해진다. 이를 방정식으로 나타내면 다음과 같다.

$$\text{루머}(R) = \text{중요성}(I) \times \text{모호성}(a)$$

루머를 퍼다 나르는 사람은 불확실한 진위 여부는 아랑곳하지 않는다. 시장에 두려움이 유령처럼 엄습할 때 사실 관계를 확인할 수 없는 루머는 날갯짓을 하며 비상한다. 증권사 찌라시가 돌아다니고 여러 무관한 사건이 음모론에 묶이면서 루머는 하나의 거대한 진실로 둔갑한다.

더 무서운 건 내 마음속에서 일어나는 루머의 추억이다. 나 스스로가 유포자이자 해당 이익 관계자다. 투자에 임할 때 악재에 대한 루머보다는 호재에 대한 루머를 가장 경계해야 할 것이다. 일단 돈을 벌겠다는 일념이 루머의 중요성($I$)을 올리고 모호성($a$)은 낮추기 때문이다.

루머에서 벗어나려면 모호성을 낮추는 방향으로 나아가야 한다. 모호성은 정확한 시장 분석과 통계에 대한 신뢰를 통해 격파된다. 거시적 경제지표와 지수를 거울삼아 모호성은 낮추고 구체성은 높여야 한다. 마찬가지로 인생도 신뢰에 기반해야 한다. 신뢰는 자신에 대한 믿음이다. 시장을 볼 때 항상 신뢰라는 무게를 명심하라. 시장이든 인생이든 모든 것이 심리전의 무대다. 이 이야기는 다음 절에서 더 살펴보도록 하자.

# 16

# 신뢰에서 용기가 나온다

• • •

뉴스와 진실은 같지 않다.

― 월터 리프먼 ―

어린 시절은 지금보다 겨울이 유난히 추웠던 것 같다. 눈도 더 많이 내렸고 온도도 더 낮았던 기억이 있다. 어쩌면 난방 시설도 시원치 않고 모든 게 부족하다 보니 마음이 추워서 그런 기억이 있는지도 모르겠다.

내가 나고 자란 시골 동네 옆에 제법 너른 저수지가 있었는데, 겨울이면 어김없이 저수지 물이 꽁꽁 얼어붙었다. 별다른 오락거리가 없던 코흘리개 아이들은 저마다 직접 썰매를 만들어 얼음을 지치곤 했다. 썰매가 없는 친구는 비료 포대 위에 앉아서 놀았다.

문제는 저수지가 얼었다는 사실을 확인하는 일이었다.

살얼음 위에서 놀다가 자칫 사고를 당할 수 있어 부모들은 강물이 단단히 얼었다는 확신이 들기 전에는 아이들을 저수지에 내보내지 않았다. 동네 어른들이 얼음 두께를 확인하고 나서야 아이들은 놀 수 있었다. 처음에는 얼음이 깨질까 봐 조심스럽게 발을 옮기던 애들도 일단 안전하다는 믿음이 생기자 대담하게 행동하기 시작했다. 아예 얼음 위에서 뛰고 발을 구르고 자빠지고 엉덩방아를 찧고 정신없이 놀았다. 이처럼 신뢰는 용기를 주는 중요한 자산이다.

## 거울의 신뢰

2004년 8월 중순부터 투자자들에게 주식을 사라고 호기롭게 권유했다. 워낙 나에 대한 신뢰가 두터웠던지라 보고서를 읽은 투자자들은 주식을 사들였다. 주가는 예상대로 연일 상한가를 기록했다. 8월 초 710대였던 주가가 10월 초 890포인트까지 상승했으니 내 말을 믿고 투자했던 개인과 기관은 큰 재미를 봤다.

10월 초 예상치 못한 변수가 등장했다. 중국이 갑자기 금리를 인상한 것이다. 주가는 급락하기 시작했다. 10월 말에는 일시적으로 810선이 깨지기도 했다. 상승할 때 너나 할 것 없이 샴페인을 터트렸던 이들이 하루아침에 맹렬한 비판자로 돌아섰다. 회사로 항의 전화가 빗발쳤다. 보고서를 믿고 투자했는데 큰 손실을 봤다며 펀드매니저뿐 아니라 일반 투자자들도 원성이 자자했다.

이 과정에서 내가 겪은 정신적 고통은 말할 수 없이 컸다. 우선 회사 내에서 최고경영자를 비롯한 많은 이가 지금도 늦지 않았으니 주가 전망을 떨어지는 쪽으로 바꾸라는 압력을 넣기 시작했다. 회사 내 일부 펀드매니저는 연판장을 돌리며 이번 보고서의 문제점을 지적하고 나섰다. 각 언론사 기자는 전화를 걸어 시도 때도 없이 아직도 낙관적 견해를 유지하고 있느냐고 물어왔다. 정말이지 불난 집에 부채질하는 격이었다.

이런 상황에서 대중이나 민심과 반대 방향으로 배를 몰아간다는 건 웬만한 강심장이 아니면 쉬운 일이 아니다. 자존심 문제가 아니라 내가 그간 구축해온 예측 모델의 신뢰성 문제였다. 중국의 금리 인상을 예상하지 못했던 건 인정하면서도 그 밖에 모든 경제지표는 제대로 해석했으니 결과값 역시 좋아야 했다.

그런데 이번에는 미국 주가도 연일 하락하는 게 아닌가. 난 초조해지기 시작했다. 솔직히 잠도 제대로 잘 수 없었다. 자다가도 일어나 미국 시장 동향을 살폈다. 수백수천억을 굴리는 회사 편에서 하루 동안 주가가 10포인트만 등락해도 천당과 지옥을 오간다는 사실, 그것도 연일 주가 하락이 이어지는 상황에서 회사가 입을 손실이 막대하다는 사실을 누구보다 잘 알고 있어 무턱대고 배짱을 부릴 여유가 없었다.

　예측 모델을 원점에서 전부 다시 검토했다. 국내외 경제지표도 재검토하면서 미처 발견하지 못한 부정적 요인을 찾으려고 했다. 그러나 아무리 보고 또 봐도 주가를 낙관적으로 전망했던 모든 요인은 변하지 않았다. 내가 찾아낸 모든 지표는 여전히 장밋빛 결과를 가리키고 있었다.

　나는 그날 밤을 꼬박 새웠고 다음 날 아침 동료 펀드매니저에게 '주식을 사야 하는 5가지 이유'를 제시하면서 메일을 보냈다. 펀드매니저는 정말 이 예측이 맞는지 여러 번 되물었다. 결국 시간이 지나 내 전망은 적중했다.

　연말에 주가가 895까지 드라마틱하게 상승했고, 다음 해 1월에는 900선을 넘어섰다. 투자자들은 언제 그랬냐는 듯 역시 이번에도 김영익의 예측이 맞았다면서 축배를 높이 들었다. 일희일비하는 건 대중의 몫이고, 그 안에서 중심을 지키는 건 투자자의 몫이란 생각을 그때 했다.

### 용기 있는 자, 시장을 지배한다

　용기 있는 자가 미인을 얻는다는 말이 있다. 이 말을 용기 있는 자가 시장을 얻는다로 바꿔보자. 이게 무슨 말일까? 무슨 일이든 자신감 있게 베팅하라는 말일까? 아니다. 그건 객기다.

투자자는 용기勇氣와 객기客氣를 구분해야 한다. 시장 읽는 눈을 가진 사람은 용기와 객기를 구분할 수 있다. 이 세계에서 살아남으려면 용기가 필요하다. 그런데 그 용기는 합리적 근거를 가진 용기, 정확한 분석에 기초한 용기라야 한다. 만약 그때 주변의 압력에 못 이겨 주장을 수정해서 전망했다면 지금의 난 이 자리에 없을 것이다.

통계분석은 예나 지금이나 과학이고 예술이다. 이는 계량경제학 교과서에 나오는 내용이다. 주가 전망도 과학이고 예술이다. 과학은 통계학이나 계량경제학을 통해, 예술은 실수를 통한 끊임없는 학습으로 배울 수 있다. 모델을 만들어 미래를 예측할 때 과거 통계를 어느 시점부터 시작하느냐에 따라 전망치가 달라지는 경우가 허다하다. 매우 빠르게 변하는 증권 시장을 분석하려면 애널리스트는 두뇌 회전이 빨라야 한다.

경험에 비춰보면 증권 시장을 전망할 때 오른쪽 뇌의 이성적 판단뿐 아니라 왼쪽 뇌의 종합적 사고력도 중요하다. 다양한 경험을 통한 통찰력은 시장을 전망할 때 필수적이다. 증권 시장은 과학과 예술이 결합해야만 예측이 가능하며, 정확한 전망을 하려면 좌뇌와 우뇌 작용이 조화로워야 한다. 내 머릿속에는 경험으로 잉태되고 경험에서 부화된 진리가 있다. 현재는 과거가 모여서 만든 것이고, 현재와 과거가 모여 내일을 만든다는 진리 말이다.

실수는 몇 번 있었지만 2001년 이후 거시경제 변수와 주가의 흐름을 잘 맞혔다. 여러 언론사에서는 '족집게'라는 별명을 붙여 줬다. 어떤 사람은 '감'으로 주식 투자를 한다고 말한다. 하지만 그 직감이라는 것도 알고 보면 모두가 과거와 현재에 만들어놓았거나 만들고 있는 자료에 기초한 것이다.

애널리스트가 지녀야 할 100 중에서 통찰력이 30이라면 성실성은 70이다. 애널리스트는 그동안 축적된 지식에 근거한 무의식적 판단, 즉 직감에 따라 행동한다. 자신을 신뢰하는 힘이 모여야 직감도 들어맞는 것이다.

신뢰는 용기에서 나온다. 용기는 실력에서 나온다. 실력은 투자에서 나온다. 이 모든 게 부의 거울 안에 들어 있다.

# 17

# 경제의 생애주기 : 시장을 이기려 하지 말라

• • •

제품의 생애주기를 살펴보라.

그러나 시장의 생애주기를 보는 게 더 중요하다.

— 필립 코틀러 —

인생은 출생과 성장, 노화, 사망이라는 생애주기를 거친다. 생로병사의 원리는 인간을 비롯한 이 땅의 모든 생명체의 사이클이기도 하다. 아이는 1차 성징과 2차 성징 등 특징적인 단계를 거치며 성인으로 성장한다. 때로 사춘기 같은 정체성의 혼란을 경험하기도 한다.

지금은 성인이 돼 자기 앞가림을 하고 있지만, 우리 딸과 아들은 그간 특별한 반항 없이 자라줘 고맙게 생각한다. 그러나 일본과 우리나라에만 있다는 '중2병'을 겪으며 부모 세대와 심한 갈등을 겪는 이들도 적지 않다. 그렇게 성인이 되면 사회에 진출해 왕성한 활동력으로 많은 성취를 이룬다. 그리고 중년을 거치며 서서히 노화 단계로 진입한다. 노년에 이르러 활동이 둔화하고 서 있는 시간보다 앉아 있는 시간이 더 많아진다.

경제 역시 이런 생애주기와 닮았다. 성장기가 있고, 성숙기가 있으며, 쇠퇴기가 있다. 우리나라는 한강의 기적을 이루며 경제적으로 빠르게 성장한 산업 국가다. 박정희 정권 때는 12%에서 15%를 오가는 고속 성장을 경험하기도 했다. 전두환 정권 때도 10%를 오르내리며 성장세를 이어갔다. 문민정부 때는 우리나라 경제에 사춘기도 왔다. 외환위기를 겪으며 -5% 역성장을 한 것이다. 이후 5%대 성장을 이어가다가 최근에는 3%대 성장도 버거운 형편으로 내려앉았다.

경제만 놓고 봤을 때 대한민국은 성장이 멈추고 원숙기를 지나 쇠퇴기에 접어든 장년을 닮았다. 담벼락에 기대 지는 석양을 바라보며 젊은 날의 추억을 안주 삼아 아내와 진하게 소주 한잔을 걸치는 모습이 떠오른다.

지금 대한민국에 6%대 후반의 경제성장률을 기록 중인 베트남과 같은 성장을 바라는 건 고지혈증으로 고생하는 50대에게 돌도 씹어 먹을 새파랗게 젊은 청년들과 3 대 3 길거리 농구를 제안하는 것과 같다.

## 경제 사이클은 진자 운동이다

그렇다고 한 나라의 경제가 생애주기와 모두 비슷한 건 아니다. 사람과 달리 경제는 성장과 쇠퇴를 반복한다. 다시 말해 경기를 움직이는 힘은 확장Expansion과 호황Boom, 침체Recession와 불황Depression이라는 네 가지 양상이 주기적으로 반복된다. 이렇게 경기가 좋은지 나쁜지를 나타내는 것을 '경기 국면'이라 한다. 경기가 좋을 때를 '확장 국면', 나쁠 때를 '수축 국면'이라 한다.

이보다 더 세분화할 수도 있다. 경기가 좋을 때라도 막 좋아지기 시작한 시점도 있고 최고조에 도달한 시점도 있다. 전자를 '회복 국면', 후자를 '활황 국면'이라 한다. 경기가 나쁜 수축 국면도 둘로 나뉜다. 경기가 나빠지기 시작한 '후퇴 국면'과 견디기 힘든 상태인 '침체 국면'이 그것이다. 산봉우리가 있으면 골짜기도 있는 법이다. 경기가 가장 좋을 때를 '정점', 가장 나쁠 때를 '저점'

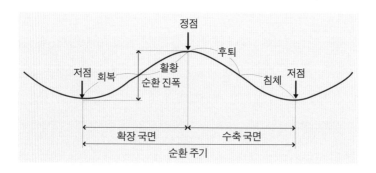

이라고 한다.

경기는 이처럼 끊임없는 상승과 하강을 반복하는 진자 운동과 같다. 그렇다고 이번 달에 경기가 좋았다가 다음 달에 갑자기 나빠지지는 않는다. 진자가 한쪽으로 이동했으면 반대편으로 스윙 Swing하는 데 일정한 시간이 걸려서 그렇다.

진자 운동에도 주기가 있듯 경기도 주기가 있다. 경기 확장 국면은 더 길고 기울기가 완만한 데 반해, 수축 국면은 더 짧고 기울기도 급격한 편이다. 경기가 좋아질 때는 경기가 나빠질 때보다 오랜 기간에 걸쳐 천천히 조금씩 좋아지고, 경기가 나빠질 때는 경기가 좋아질 때보다 더 짧은 시간에 걸쳐 급격하게 나빠진다는 말이다. 이런 일반적인 흐름만 알아도 훨씬 시장을 명확하게 보는 안목이 생긴다.

스위스의 역사학자이자 경제학자였던 장 시스몽디는 경기가 파도처럼 순환한다는 주장을 제기했다. 영국에서 발생한 경제 위기의 실체와 원인에 대해 논쟁을 벌이면서 시스몽디는 역사를 통해 경제의 흐름이 반복한다는 사실을 실증적으로 보여줬다.

이상적인 투자는 경제 사이클이라는 파도를 타는 것과 같다. 훌륭한 투자자는 시장을 이기려고 들지 않는다. 무식한 투자자는 돈키호테처럼 창을 들고 철옹성 같은 파도의 벽으로 무작정 돌진한다. 반면 똑똑한 투자자는 집채만 한 파도를 유유히 가르는 서퍼와 같다. 파도에 압도되거나 휩쓸리는 법이 없다. 지나간 파도는 보내고 여유롭게 다음 파도를 기다리며 다가오는 파도를 달래고 가뿐하게 올라탄다.

경기가 좋았다가 나빴다를 반복하는 경기 순환은 '경기 변동 Business cycle'으로 표현하기도 한다. 경기 변동은 일정한 주기를 두고 발생하는데 '상승과 하강Up and down' 곡선이 파도가 오르내리는 모양으로 나타난다. 이것을 경기 파동이라고 한다. 이런 경기 파동은 장기와 중기, 단기에 걸쳐서 각각 일어날 수 있다. 장기 파동은 콘드라티예프 파동Kondratieff Wave, 중기 파동은 쥐글라 파동Juglar Wave, 단기 파동은 키친 파동Kitchin Wave이 대표적이다.

한 번은 대학원에서 제자들에게 경기 순환을 파동으로 표현하자 한 학생이 손을 번쩍 들면서 "마치 파도타기를 하는 것 같아요"라고 했다. 맞다. 경기 변동이라는 파동을 알면 아무리 커다란 파고波高가 눈앞에 닥쳐도 파도를 가르며 서핑을 즐길 수 있다.

콘드라티예프 파동은 산업 전체에 영향을 끼치는 새로운 자원의 개발이나 기술 혁신 등이 그 요인이 된다. 예를 들어 철도나 전기 발명 같은 큰 사건에 영향을 받는다. 현대는 인터넷을 중심으로 한 정보통신기술과 나노 등의 소재 혁신이 장기 파동을 이끈다고 판단된다.

쥐글라 파동은 기술 혁신과 설비 투자 교체 등이 중요한 요인이 된다. 주로 9년 주기로 일어나는 경기 변동이다. 조제프 클레망 쥐글라는 자본주의 경제에서 고용과 소득, 생산량이 대폭적인 파상 운동을 하고, 그 파동의 모든 단계는 그 전단계로부터 차례로 나타난다고 분석했다.

키친 파동은 중기 파동 내에서도 더 작은 흐름의 파동이 존재한다는 관점으로 40개월 단위로 통화량 변동, 금리와 물가 변화, 재고 변동 등의 요인으로 일어난다. 이 파동은 미국이 채택했다고 해서 '미국 사이클American Cycle'이라고도 한다.

### 변수 파악하기

《생활과 윤리》 교과서에도 등장하는 신학자 라인홀트 니부어는 생전에 이런 기도문을 남겼다고 한다.

> 주여, 우리가 바꿀 수 없는 것은 받아들이는 은혜와 바꿀 수 있는 것은 바꿀 수 있는 용기, 무엇보다 이 두 가지를 구별할 줄 아는 지혜를 허락하소서.

인생에서 아무리 노력해도 바꿀 수 없는 일에 매달려 쓸데없이 세월을 낭비하는 건 어리석은 짓이다. 차라리 그 정력과 시간을 내가 노력으로 바꿀 수 있는 일에 투여하는 지혜가 필요하다. 경제학이야말로 이런 지혜가 필요한 분야다. '한 우물을 파라'는 말만큼 중요한 질문은 '이 우물에서 과연 물이 나올 수 있는가?'라는 문제 제기다.

일반적으로 경기 변동 사이클은 노력으로 바꿀 수 있는 파도가 아니다. 열심히 소를 잡아 기우제를 지낸다고 가뭄으로 갈라진 논바닥을 한가득 적실 먹구름을 몰고 오지 못한다. 비는 '때가 되면' 내리기 마련이다. 워낙 변수가 많아서 아무리 고도의 슈퍼컴퓨터가 만들어져도 100% 정확한 기상 예측은 불가능하다.

기상학자 에드워드 로렌츠도 '나비 효과'라는 이름으로 퉁 치고 말았던 문제다. 하물며 100% 완벽한 일기예보가 가능한 슈퍼컴퓨터가 만들어진들 강수 확률 10%인 내일에 당장 장맛비를 쏟아붓게 만들지는 못할 일이다. 경제 장단기 파동 역시 마찬가지다. 경기에서 중요한 것은 예측이지 변화나 조작이 아니다.

경기 변동이라는 진자 운동은 왜 일어날까? 뭐니 뭐니 해도 수요의 급증이나 급감은 파도를 일으키는 주요 변수다. 일본의 아베 신조 전 총리가 2012년부터 추진한 '아베노믹스'는 금융 완화와 확장 재정을 통해 수요를 회복하는 데 핵심이 있었다. 우리가 아는 것처럼 일본의 수요는 늘지 않았다. 전기 충격을 줘서 경기를 살리려고 애썼지만, 백약이 무효했다.

수요와 공급은 경기 변동의 대표적인 변수다. 시장에 수요가 증가하면 공급이 늘어난다. 공급을 늘리려면 투자가 뒤따르고 그러면 다시 수요도 덩달아 늘어난다. 수요와 공급이 꼬리에 꼬리를 물고 늘어나면 호황이 온다. 하지만 여기에도 한계는 존재한다. 소비에도 여력의 한계가 있다. 그러면 당장 시장에 공급 과잉이 발생하고 불황이 찾아온다. 이처럼 수요와 공급의 불균형은 경기 변동의 파도를 불러온다.

원유와 곡물 등 인간 삶과 산업 생산에 필수적이고 중요한 원자재 등 공급이 부족하거나 과잉일 때도 경기에 파동을 일으킨다. 예를 들어 한국 경제의 최대 위기를 꼽을 때 1997년 IMF 외환 위기를 거론하는 이들이 많다. 하지만 1980년대 초에 벌어진 2차 오일 쇼크라고 답하는 전문가들도 꽤 많다. 그만큼 경제에서 원유는 중요한 변수가 된다.

화폐량 증가도 경기 변동의 주요 변수다. 지갑에 돈이 두둑하면 누구나 씀씀이가 커지기 마련이다. 마찬가지로 화폐량이 늘어나면 상품 수요와 재고량이 증가하고 신용이 확대된다. 결국 수요와 공급 사이클은 다시 헝클어진다. 수요나 공급, 통화 등 경제적 요인이 아니라 정치적 요인이나 사회 문화적 요인도 경기 변동을 일으키는 대표적인 변수다. 2020년 영국의 브렉시트나 전 세계를 강타한 코로나 팬데믹, 2022년 러시아의 우크라이나 침공, 2023년 이스라엘과 팔레스타인 하마스의 갈등 등 여러 변수가 경기 변동을 낳았다.

경기 변동은 생산·물가·고용 등의 경제지표에 영향을 미치는데, 중요한 요인으로 계절 요인, 추세 요인, 불규칙 요인, 순환 요인 네 가지를 든다. 영문 첫 글자를 따서 '스틱STIC'이라고 한다.

맨 먼저 계절 요인Seasonal factor은 봄, 여름, 가을, 겨울의 주기적 변동을 말한다. 매년 4분기는 농업 수확기로 농업 생산 증가가 GDP를 견인한다. 반대로 수확이 거의 없는 1분기에는 감소 경향을 보인다.

추세 요인Trend factor은 일반적이고 장기적인 변동 요인을 말한다. 인구 증가, 자본 축적, 기술 진보 등이 여기에 해당한다. 특별한 경우가 아니라면 시간이 지나면서 GDP 규모가 증가한다.

불규칙 요인Irregular factor은 천재지변, 유행성 질병, 대규모 노사 분규 등의 단기적이고 우발적 변동 요인을 말한다. 2015년 메르스로 생산·소비 활동이 급락했으며, 2020년 이후 코로나19에 따른 록다운은 경기에 치명상을 입혔다.

마지막으로 순환 요인Cyclical factor은 경기의 상승과 하강에 따른 변동 요인을 말한다. 그래서 멋진 파도를 즐기는 서퍼라면 경제 일간지와 뉴스뿐 아니라 시시각각 변하는 세계 정세와 크고 작은 사건 사고들을 꾸준히 따라가면서 동향을 살피는 노력을 게을리 해선 안 된다.

# 18

# 금리는 경기를 보여주는 거울

· · ·

금리를 목표로 한다고 할 때 그들이 하는 건
금리로 통화량을 조절하는 것이다.
금리는 중개 수단에 불과하다.

— 밀턴 프리드먼 —

《백설 공주》는 유치원에 다니기 전의 아이들이 디즈니 애니메이션으로 맨 처음 접하는 동화 가운데 하나다. 동화에는 매일 아침 왕비가 보는 '마법 거울'이 등장하는데, 거울은 무슨 질문을 하든지 진실만 말하는 것으로 유명하다. "거울아, 거울아, 이 세상에서 누가 제일 예쁘니?" 요즘으로 말하면 시리나 빅스비에게 장난 삼아 던질 법한 유치한 질문이지만 왕비는 거울에 전신을 비추며 나름 진지하게 묻는다.

매일 아침 "왕비보다 아름다운 사람은 이 세상에 없답니다"라는 답변을 받아야 직성이 풀리는 왕비에게 새로운 도전자가 등장한다. 어느 날 거울이 자신이 아닌 백설 공주가 제일 예쁘다는 답을 내놓은 것이다. 홧김에 거울을 내리쳐 깨부수는 대신 왕비는 백설 공주를 죽이기로 결심한다.

우리에게 단순히 경제 현상을 비춰주는 것을 넘어 이면의 경기를 보여주는 마법 거울은 무엇일까? 난 단연 금리라고 말하고 싶다. 학교에서 '거시경제분석'이라는 과목을 가르치면서 늘 학생들에게 금리만 알면 경제 공부는 다했다라고 말한다.

왜 금리가 거울일까? 간단하다. 금리로 현재의 경제 상황이나 미래의 경기를 정확히 전망할 수 있어서다. 일례로 미국은 장기금리(10년 국채 수익률)가 단기금리(2년 국채 수익률)보다 낮아지면 예외 없이 경기 침체가 왔다. 1980년 이후 미국에 경기 침체가 여섯 번 있었는데, 그 이전에 모두 장단기 금리 차가 역전됐다.

우리나라도 마찬가지다. 난 10년(장기)과 1년(단기) 국고채 수익률 차이로 경제성장률과 경기를 예측한다. 장단기 금리 차는 주가에 선행한다. 분석 기간에 따라 달라질 수 있겠지만 2015년 이후 통계를 보면 장단기 금리 차가 코스피에 1개월 정도 선행한다. 금리는 매일 시장에서 결정되고, 그 추이도 확인할 수 있으므로 경제를 비춰주는 '마법 거울'이다.

일반론으로 말할 때, 금리가 하락하면 주가는 상승한다. 이유는 주식과 채권은 대체적인 투자 수단이라 금리가 떨어졌다는 건 그만큼 채권 가격이 올랐음을 의미해서다. 채권 가격이 오르면 주식이 상대적으로 싸게 보이므로 투자자는 주식을 산다. 또 금리가 떨어지면 직접적으로 기업의 금융 비용이 줄어들게 된다. 결국 금리 하락은 소비와 투자 증가로 경기를 회복시키고 이는 기업의 매출 증대와 더불어 이익이 늘어나게 한다.

## 금리란 무엇인가

금리는 돈에 붙은 이자다. 모든 돈에는 이자가 꼬리처럼 붙는다. 이 꼬리는 시기에 따라 상황에 따라 길어졌다 짧아지기를 반복한다. 도마뱀은 위기의 순간 꼬리를 끊고 달아난다. 생물학에서 이를 '자절自切'이라고 한다.

그런데 돈에 붙은 금리라는 꼬리는 잘라낼 수 없다. 금리는 돈이 살아 있음을 말해주는 지표다. 죽은 돈에는 금리가 붙지 않기 때문이다. 그래서 일상에서 만지는 돈, 즉 시장에서, 은행에서, 이 사람에서 저 사람으로, 이 계좌에서 저 계좌로 굴러다니는 모든 돈에는 이자가 붙는 것이다.

그렇다면 돈에는 이자가 왜 붙을까? '시간 선호율The rate of time preference' 때문이다. 금리란 현재의 소비를 미래로 넘기는 것에 관한 대가로 보니 말이다.

예를 들어보자. 지금 수중에 10만 원이 있다. 이 돈으로 아들내미에게 점심을 사고 남은 돈을 용돈으로 준다. 이처럼 돈은 버는 것보다 쓰는 것이 더 재밌다. 그 재미를 억누르고 미래를 위해 10만 원을 은행에 맡겼다면 내 일상적 소비를 미룬 셈이다. 이런 절제에 대한 대가가 금리다.

금리는 이처럼 오늘 쓸 돈을 시간상 뒤로 미룰 때 발생한다. 만족을 뒤로 미루면 미룰수록, 만족의 크기가 크면 클수록 나중에 받게 될 금리의 크기는 더욱 커진다. 금리를 뜻하는 '인터레스트 Interest'를 영미인들이 왜 '재미'나 '흥미'라는 뜻으로도 쓰는지 알 것 같다.

사회학자와 심리학자는 이런 소비 지연을 서로 다른 관점에서 분석했다. 막스 베버는 이를 금욕적 칼뱅이즘이 가져온 종교적 헌신으로 봤다. 구원의 징표를 얻으려는 청교도들은 쓸 돈을 쓰지 않고 근검절약하는 생활을 선택했고, 베버는 이것이 서구 사회에 자본주의를 낳았다고 말한다. 이것이 《프로테스탄티즘의 윤리와 자본주의 정신》(1904/1905)이 말하는 핵심이다.

한 심리학자는 베버와 전혀 다른 관점으로 봤다. 스탠퍼드대학의 월터 미셸은 유치원생 약 600명을 두고 유명한 마시멜로 실험을 했다. 아이들에게 똑같이 마시멜로 1개를 주고, 지금 먹지 않고 기다리면 잠시 뒤에 와서 또 1개를 주겠다고 약속했다. 해당 실험에서 마시멜로가 주는 만족감을 15분 뒤로 미룬 아이는 나

중에 성인이 돼 수능 평균에서 더 높은 점수를 받았고, 더 우월한 사회적 지위와 성취를 보였다. '만족지연능력Delay of gratification ability' 이라는 말이 이렇게 만들어졌다.

나 같은 경제학자는 이들의 주장을 모두 받고 더해서 금리가 가져올 경제적 가치를 설명하기 좋아한다. 금리란 한 인간의 신용을 값으로 매긴 것이다. 1990년대 우리나라 은행이 경쟁적으로 신용카드를 남발하던 때를 제외하고 오늘날 신용카드는 화폐 서비스를 이용할 정도의 넉넉한 신용이 있는 사람에게만 발행한다. 신용이 큰 사람은 그만큼 큰돈을 빌리거나 외상으로 끌어다 쓸 수 있다. 그래서 고전학파 경제학에서는 이자를 실물적 현상Real phenomenon으로 평가한다. 이자율은 생산성과 검약 등 실물적 요인으로 결정된다는 주장이다.

## 금리가 시장에서 하는 일

금리는 시장에서 다양한 기능을 한다.

첫째, 금리는 자금 수급을 조절한다. 금리가 오르면 자금 수요가 감소한다. 돈을 덜 굴리게 된다는 뜻이다. 예를 들어 금리가 높으면 기업의 투자가 줄어 자금 수요가 감소하는 반면 금리가 낮으면 자금 수요는 늘어난다. 그래서 중앙은행(우리나라는 한국은행)

은 자금 수급을 조절하려고 그때마다 기준금리<sup>Base rate</sup>를 인상하거나 인하한다. 기준금리를 기준으로 시중 은행은 각기 금리를 책정한다. 현재 우리나라는 2022년 이후로 꾸준히 기준금리를 올려왔다. 2024년 7월 현재 3.5%로 세계 금융위기가 발발한 2008년 이후로 가장 높은 상태다.

둘째, 금리는 자금 배분 기능을 한다. 금리는 기업이나 개인이 생산성이 높은 곳에 먼저 투자하게 만든다. 예를 들어, 금리가 10%라면 그 이하의 투자수익률이 예상되는 곳에는 투자하지 않는다.

셋째, 금리는 경기 조절 기능을 한다. 일반적으로 금리가 오르면 소비와 투자가 위축되고, 금리가 낮아지면 소비와 투자 지출이 는다. 소비와 투자는 명목금리보다는 실질금리에 더 큰 영향을 받는다. 그런데 실질금리가 오르면 미래 대신 현재의 노동 공급을 늘려 상대적으로 많은 현재 생산물을 획득하고 이를 저축해 미래에 노동 공급 감소로 인해 줄어드는 수익을 보충하려 한다.

넷째, 금리는 물가 조절 기능을 한다. 금리가 오르면 기업의 금융 비용 상승으로 물가도 상승한다. 또 금리가 오르면 소비와 투자가 위축돼 총수요가 감소하고 물가가 하락하기도 한다.

기준금리↑ ⇒ 대출↓ ⇒ 소비↓ ⇒ 저축↑ ⇒ 투자↓

기준금리↓ ⇒ 대출↑ ⇒ 소비↑ ⇒ 저축↓ ⇒ 투자↑

금리는 경제 주체마다 다른 영향을 준다. 금리가 하락하면 전체적으로 기업은 이익이고 가계는 손해다. 기업은 시장에서 돈을 빌려 투자하는 주체다. 그래서 기업은 금융 자산보다 부채가 더 많다. 이런 이유로 금리가 떨어지면 기업의 이자 부담은 줄어든다. 그러나 가계는 금융 자산이 부채보다 많은 저축의 주체다. 그래서 금리가 떨어지면 가계의 이자 소득이 준다.

가계 내에서도 형편에 따라 다를 것이다. 펜트하우스에서 사는 사람과 사글세 단칸방에서 사는 사람이 느끼는 금리의 영향은 다를 수밖에 없으니까 말이다. 결국 금리가 하락하면 저축이 많은 가계에는 이자 소득이 줄지만, 부채가 많은 가계는 이자 부담이 줄어 더 유리하다.

2022년 이후 금리가 꾸준히 오르면서 주택담보대출로 부동산을 샀던 가계에 심각한 타격을 주고 있다. 2024년 상반기 주택담보대출 연체율이 10%가 넘어가는 걸 보면 금리로 인한 우리나라 가계 부실이 점차 현실화하고 있다. 특히 영혼까지 끌어모아 집을 장만한 20~30대 영끌족이 겪는 고통은 더 심할 수밖에 없다.

경기가 둔화하고 물가 상승률이 낮아지면서 한국은행이 앞으로 기준금리를 내리겠지만, 금리는 여전히 높은 수준에 머물고 있다. 현재로서는 돈을 빌려 부동산을 사는 시대는 아닌 것 같다.

반대로 금리가 하락하면 시차를 두고 소비와 투자가 증가하면서 경기가 회복된다. 이 과정에서 주가와 집값 등 자산 가격이 오르게 된다. 이때는 너도나도 돈을 빌려 투자에 나선다. 그러나 언제든지 돈을 빌려 투자할 때는 경기 국면을 더 세심하게 살펴야 한다. 경기 회복 초기에는 돈을 빌려서 투자해도 되겠지만, 경기가 확장하는 국면 후반에 돈을 빌려서 투자하는 전략은 바람직하지 않다.

주가는 경기에 선행하므로 경기 정점에 먼저 주가가 정점을 치고 하락한다. 하락 초기에는 단기에 급락하는 경우가 많다. '빚투'로 큰 손실을 입을 수 있다는 말이다.

### 복리의 마법

이제 투자 얘기를 해보자. 금리는 여러 종류가 있는데, 크게 단리와 복리로 나눌 수 있다. 단리單利는 원금에 대해서만 약정된 이자율과 기간을 곱해서 이자를 계산한다면, 복리複利는 일정 기간마다 이자를 원금에 합쳐 그 합계 금액에 대한 이자를 다시 계산한다. 단리가 '산술 급수'로 증가한다면 복리는 '기하급수'로 증가한다. 단언컨대 단리보다 복리가 절대적으로 유리하다.

세계적으로 유력한 투자자는 복리의 마법을 뼛속 깊이 인정한다. 그래서 워런 버핏은 "내가 가진 재산은 세 가지에서 왔다. 미국에 살았던 것, 운 좋게도 장수 유전자를 가진 것, 그리고 복리"

라고 말했다.

세계 굴지의 금융 기업들이 포진한 뉴욕 맨해튼을 북미 인디언들이 17세기 신대륙에 처음으로 발을 디딘 네덜란드 이민자들에게 단돈 24달러에 팔았다는 얘기는 오늘날도 복리의 마법을 설명하는 이들의 예화로 입에 오르내린다.

템플턴상으로 유명한 전설적인 투자가 존 템플턴은 당시 원주민들이 맨해튼을 팔고 받은 그 돈을 매년 8%의 복리 수익을 내는 은행 상품에 투자했다면 300년이 지난 1926년에 2,550억 달러까지 불어났을 거라고 했다. 이 액수는 같은 해 미국의 1년 예산의 60배가 넘는다.

계산 방법은 간단하다. 금리에 시간을 누적한 결과다. 워런 버핏은 템플턴의 계산에 말을 보태며 복리의 마법을 산비탈에서 눈덩이를 굴리는 것에 빗댔다. '스노우볼 효과Snowball effect'다.

실제로 워런 버핏은 11세(1941년)에 천연가스회사에 처음 투자를 시작해 2023년 기준 1,200억 달러(한화 약 158조 7,966억 원)의 자산을 보유한 세계 최고의 투자자가 됐다. 나이로 소득을 나누면 태어나서 지금까지 하루에 46억 원을 번 셈이다. 그러나 버핏이 재산을 형성하는 과정을 들여다보면 오늘날 자산의 대부분은 최근 들어 쌓은 것이다.

버핏은 88세(2010년)에 845억 달러라는 부를 일궜는데, 그중에서 99%에 달하는 842억 달러는 50세 이후에 주식 투자로 번 돈이었다. 1965년부터 2008년까지 44년간 투자로만 연평균 20.3% 라는 수익률을 기록했는데, 그중 복리로 거둔 누적 수익률은 3,623배였다. 복리의 마법을 스노우볼이라고 부를 만하다.

아인슈타인은 "복리야말로 세계 8대 불가사의다. 복리를 이해한 사람은 돈을 벌고 이해하지 못한 사람은 돈을 내야 한다"고 했다. 아인슈타인의 말처럼 복리는 황금알을 낳는 거위라 할 수 있다. 인간이 고안한 최대의 발명품이다. 루트비히 폰 미제스는 "대중은 언제나 만만한 돈, 즉 낮은 금리의 돈을 원한다"고 했다.

진정한 금리의 레버리지는 복리에 있다. 복리의 마법을 제대로 알면 언제나 낮은 금리만 뒤쫓는 어리석음을 버리고 금리의 스노우볼에 올라탈 수 있다.

# 19

# 부의 잠망경, 어제의 환율

영국 속담 중에 돈이 말한다는 말이 있다. 동전이나 지폐를 들여다보면 대부분 중앙에 인물이 그려져 있는데, 그 인물이 입을 열어 우리에게 말을 지껄인다는 거다.

돈에 왜 사람을 그려 넣었을까? 돈에 왕이나 군주, 위인의 얼굴을 새겨 넣는 풍습은 이 땅에서 돈이 출현한 이래 인류와 함께했다. 대표적인 사례가 집정관 카이사르였다.

로마 공화정 이후 카이사르 주화는 제국 전역에서 통용되던 기본 통화였다. 오죽하면 성서에 '가이사의 것은 가이사에게'라는 문장이 남아 있을까? 심지어 브루투스가 정치적 양아버지 카이사르를 암살하고 2년 뒤 발행한 '카이사르 사망 기념' 금화에도 카이사르의 얼굴을 새겼으니 살아서도 죽어서도 자기 얼굴을 동전에 박은 역사상 거의 유일한 인물이 아닐까 싶다.

누구나 아는 것처럼 돈은 재화와 상품을 구매할 수 있는 수단이다. 돈으로 물건도 사고 음식도 산다. 오늘날 우리는 돈으로 행복이나 사랑도 살 수 있다고 믿는 세상에 산다. 정말 돈이 입을 열어 말하는 시대다. 특히 우리나라가 더욱 그런 것 같다.

2021년에 여론조사기관 퓨리서치센터가 한국을 비롯해 전 세계 17개 선진국 성인 1만 9,000명을 대상으로 진행한 설문 보고서를 읽은 적이 있다. 여론기관은 '자신의 삶을 의미 있게 만드는 가치는 무엇인가?'라는 질문을 던졌는데, 한국을 제외한 모든 국가 국민은 '가족'을 첫째로 꼽았다. 그런데 우리나라 국민만 인생에서 첫째로 '물질적 풍요', 즉 '돈'을 꼽았다는 사실이 눈길을 사로잡았다. 어찌 보면 믿기지 않는 통계다.

그런데 돈은 구매의 수단인 동시에 구매의 대상이기도 하다. 쉽게 말해 돈 자체가 상품인 셈이다. 바꿔 말하면 돈으로 돈을 산다는 뜻이다. 세상에 돈이 딱 한 종류만 있다면 당연히 이런 일은 벌어지지 않는다. 세상에 두 종류 이상의 화폐가 존재하면서 두 화폐는 서로에게 사고파는 대상이자 상품이 되는 것이다. 미국 달러는 일본 엔화로, 일본 엔화는 한국 원화로 살 수 있다.

해외여행을 가면 현지 공항 환전소에서 내가 가지고 간 화폐를 그 나라 화폐와 바꾸는 게 여행의 첫 관문이다. 이때 각 화폐가 지닌 자국 통화의 가치에 따라 이 교환에는 일정한 비율이 매겨 지는데, 이를 '환율Exchange rate'이라고 한다. 이번 절에서는 환율이 라는 거울을 알아보자.

## 환율이란 무엇인가

금리만큼 중요한 경제 변수가 환율이다. 대학원에서 제자들 을 가르치며 환율과 금리만 제대로 알아도 경제는 예측 가능하다 고 입버릇처럼 말한다. 금리가 마법 거울이라면, 환율은 부의 잠 망경과 같다. 혹시 독자 중에 잠망경이 생소할지도 모르겠다. 물 밑에서 잠행하는 잠수함이 수면 위의 상황을 보려고 올리는 거울 이 잠망경이다.

잠망경을 제대로 활용하면 적에게 들키지 않고 주변 지형지물 과 바깥 상황을 손바닥처럼 들여다볼 수 있다. 잠망경에는 거울 이 2개 달려 있다. 국내 경기와 해당국 경기라는 거울이다. 중국 위안화라면 우리나라 경기와 중국의 경기, 엔화라면 일본의 경기 를 함께 겹쳐 보이게 한다.

뉴스나 신문에서 종종 보는 환율이란 정확히 무엇일까? 국제간

무역을 하려면 우리 돈과 상대국 돈을 맞바꿔야 한다. 이렇게 자국 돈을 교환할 때 기준하는 교환 비율을 환율이라고 한다. 환율은 기축통화인 미국 달러USD를 기준으로 표시한다.

예를 들어 이 글을 쓰고 있는 2024년 7월 1달러를 들고 은행을 찾아가면 한국 돈으로는 약 1,400원, 일본 돈으로는 약 157엔, 중국 돈으로는 약 7위안, 유로로는 0.9유로로 바꿀 수 있다. 해외여행을 갔을 때 환율을 피부로 느낄 수 있다. 당장 공항 한 귀퉁이에 마련된 환전소만 가도 우리나라 원화가 세계 시장에서 얼마에 팔리는지 알 수 있다.

환율은 어떻게 결정될까? 다른 상품과 마찬가지로 환율 역시 외환 시장에서 수요와 공급에 따라 결정한다. 기업들이 수출에서 이익을 많이 남겨 달러를 벌어들이고 이를 다시 외환 시장에 공급하면 달러 가치는 내려가고 원화 가치는 올라간다.

1960년대 구로공단에서 만든 가발이 해외에 팔려 나가며 외화를 벌어들인 것이 대표적인 예다. 가발이나 신발, 섬유 산업은 풍부한 노동력을 갖춘 전형적인 후진국의 수출 모델인데, 현재는 북한이 가발을 수출하는 나라다.

돈이 해외로 빠져나가면 어떻게 될까? 우리 기업들이 상품이나 서비스를 수입하면서 달러를 산다면 그만큼 달러 수요가 늘어 환율이 오르게 된다. 그래서 수입과 지출, 즉 국제수지가 환율을 결정하는 데 가장 큰 영향을 미친다.

물가 역시 환율을 결정하는 중요한 요인이다. 물가가 상대적으로 낮은 나라는 무역을 통해 돈 가치가 오르기 마련이다. 상품 가격이 낮으면 그 나라의 수출량이 증가하면서 무역수지가 흑자로 돌아서기 때문이다. 국가 간 금리 차이도 환율을 결정한다. 여기서 금리란 물가 상승률을 차감한 실질금리를 말한다.

돈은 눈을 갖고 있어 수익률이 낮은 쪽에서 높은 쪽으로 귀신같이 알고 이동한다. 우리나라의 금리가 미국의 금리보다 높다면 우리나라로 미국 자금이 들어올 것이고, 우리나라 금리가 상대적으로 낮다면 미국으로 돈이 빠져나갈 것이다.

마지막으로 외환 거래자의 예상이나 중앙은행의 정책 방향도 환율 결정에 영향을 준다. 외환 시장의 참가자들이 원화 대비 달러 환율이 떨어질 것으로 기대한다면 외환 시장에 달러 공급이 늘어날 것이다.

이외에도 중앙은행이 외환 시장 개입을 통해 단기적으로 환율을 변동시키거나 국제 정치적 변수에 따라 인위적으로 환율이 정해질 수도 있다. 대표적인 사례가 1985년 9월에 있었던 '플라자 합의'다. 레이건 정부는 경기를 부양하려고 감세 정책을 펼쳤는데, 이 정책으로 별 효과를 거두지 못하자 미국 재무 장관은 G5 국가의 재무 장관들을 뉴욕 플라자호텔에 소집한다. 그리고 지나치게 상승한 달러화의 가치 하락을 유도하기로 결의했다.

그렇게 달러 가치를 내린 결과, 상대적으로 엔화 가치가 큰 폭으로 올랐다. 플라자 합의 직전인 1985년 8월부터 1987년 12월까지 엔화 가치가 무려 48% 올랐으니 1.5배 이상 오른 셈이다. 엔화 가치가 오르자, 일본 기업들의 수출 시 가격 경쟁력이 떨어졌다. 일본산 제품이 1년 만에 2배 비싸진 꼴이었다. 어쩔 수 없이 일본 중앙은행은 기업들을 위해 금리를 인하해야 했다.

그 결과 일본의 대표적 주가지수인 니케이225가 1985년 말 1만 3,083에서 1989년 말 3만 8,916까지 거의 3배 치솟았다. 같은 기간에 집값 역시 3배 올랐다. 그러자 일본 중앙은행은 1989년부터 금리를 인상하기 시작했고, 곧 거품은 붕괴했다. 여러 변수가 있겠지만 잃어버린 30년이 이렇게 시작됐다. 한 나라의 환율 정책이 경제에 얼마나 큰 영향을 미치는지 잘 보여주는 사례다.

우리나라는 이 시기에 도리어 무역에서 수혜를 입었다. 1985년 8월부터 1987년 12월 사이 엔화에 비해 원화의 가치가 73% 떨어지면서 국제 시장에서 삼성전자나 포스코, 현대자동차 등 한국산 제품이 상대적으로 저렴해졌고, 이로 인해 품질과 상관없이 가격 경쟁력을 확보할 수 있었다.

**환율이 경제에 미치는 영향**

환율은 수출입을 통해 국민 경제에 큰 영향을 미친다. 환율이 하락하고 원화 가치가 오르면 외국인에게 우리 상품이 비싸지므로 수출이 줄어들 수밖에 없다.

예를 들어 1달러당 환율이 1,300원에서 1,000원으로 떨어졌다면 본토에 사는 미국인 아저씨 톰은 과거에 1달러로 우리 상품 1,300원어치를 살 수 있었는데 이제는 1,000원어치밖에 살 수 없게 된다. 이런 경우 수입은 증가한다. 우리나라 수입업자 김 씨가 미국 물건 1달러짜리를 과거에는 1,300원을 주고 샀는데, 환율이 떨어지니 1,000원을 주고도 살 수 있게 됐기 때문이다.

환율은 물가와 금리에도 영향을 준다. 원화 가치가 오르면 우리는 그만큼 원자재뿐 아니라 완제품을 더 싸게 살 수 있다. 원자재를 저렴하게 생산하면 국내 생산업체들도 물건을 그만큼 싸게 만들 수 있다. 물가가 떨어지면 금리도 하락하게 된다. 한편 환율은 개별 기업이나 개인에게도 영향을 미친다. 환율이 떨어지면 외환 부채가 있는 기업이 그만큼 원리금 부담이 줄어든다.

한때 원화 대비 달러 환율이 떨어지면 주식 시장에서 대한항공 주가가 상승했다. 대한항공은 달러 부채가 많은데, 환율이 떨어지면 원화 기준으로 원리금 상환 금액이 줄어들고 추가로 원유도 싸게 수입할 수 있다. 또 우리 돈 가치가 오르면 더 많은 국민이 더 많은 해외여행을 하게 돼서 대한항공 수입이 늘어나는 효과가 있었다.

| 구분 | 환율 하락(통화가치 ↑) | 환율 상승(통화가치 ↓) |
|---|---|---|
| 수출 | 수출 채산성 악화(수출 ↓) | 수출 채산성 호전(수출 ↑) |
| 수입 | 수입 상품 가격 하락(수입 ↑) | 수입 상품 가격 상승(수입 ↓) |
| 국내 물가 | 수입 원자재 가격 하락(물가 ↓) | 수입 원자재 가격 상승(물가 ↑) |
| 외자 도입 기업 | 원화 환산 외채 감소(원금상환 부담 ↓) | 원화 환산 외채 증가(원금상환 부담 ↑) |

## 환투자, 해도 될까?

한 나라의 화폐는 한 나라의 국력에 비례한다. 환율이란 세계 시장에서 자국 화폐의 가치를 알아볼 수 있는 거울이다. 환율은 돈을 돈으로 사는 시장의 값, 즉 돈의 값이다. 환율을 정확하게 볼 수 있는 안목은 투자에서 필수적으로 갖춰야 할 무기다.

환율은 수출과 물가 등 거시경제 변수에도 지대한 영향을 미칠 뿐 아니라 기업의 매출, 나아가서는 해외 주식 투자를 하는 개인 에게도 무시할 수 없는 영향을 미친다. 당장 미국 주식에 투자할 때 환율은 수익에 중요한 잣대가 된다. 유튜브 채널을 운영하다 보면 많은 구독자가 환투자나 환테크에 관해 문의한다. 마진 거 래를 통해 이익을 보려는 것인데, 일반 투자자가 진입하는 게 괜 찮을까?

결론부터 말하면 환투자는 가급적 하지 않는 게 좋을 것 같다.

개인 투자자가 하기에 환율 전망이 그만큼 어려워서다. 환율은 세계 경제뿐 아니라 정치와 사회적 변화를 모두 반영한다. 그래도 환투자를 하겠다면 달러 보유 비중은 좀 줄이는 것이 좋다. 미국의 대내외 불균형이 지나치게 확대됐으므로 달러 가치가 지속적으로 상승하기는 힘들어 보인다.

2023년 말 기준으로 미국 연방정부의 부채가 GDP 대비 124%로 매우 높다. 미국의 대외 순부채도 20조 달러로 GDP의 72%에 이르고 있다. 나라가 망하지 않는 게 신기할 정도다. 이런 불균형을 해소하려면 달러 가치가 중장기적으로 하락할 수밖에 없다. 투자 계획을 세웠다면 보험 드는 셈 치고 자산 일부를 달러로 보유하는 정도로 그치는 게 좋겠다.

현재 가장 저평가된 통화는 단연 엔화다. 최근 일본 주가가 사상 최고치를 기록한 것처럼 일본 경제가 디플레이션에서 탈피하고 있다. 물가가 오르면 결국 금리도 오른다. 그렇게 되면 엔화 가치가 제자리를 찾아가게 될 것이다. 이를 위해 지금 엔화를 조금 사두는 건 괜찮을 것 같다.

달러 가치가 하락하면 금값은 오른다. 실제로 1973년 이후 장기 추이를 보면 달러 가치는 하락했고 금값은 상승했다. 이 추세는 앞으로도 지속될 가능성이 높다. 그래서 투자 자산 중 일부는 금을 보유해도 좋을 것이다.

그러나 금은 알을 낳지 않는 암탉이다. 채권을 가지고 있으면 이자가, 주식을 보유하고 있으면 배당이 나온다. 설령 이들 자산 가격이 하락해도 말이다. 금은 이자도 배당도 없다. 오직 시세 차익만 누릴 수 있다. 그래서 금에 많이 투자하는 것은 바람직하지 않다. 투자 자산 가운데 10% 안팎의 금 투자는 괜찮아 보인다.

# 20

# 주가지수의 거울, 경제 데이터

. . .

금융 시장에서 희망을 얘기하지 말자.

데이터에 기반한 사실만 말해야 한다.

무엇보다도 정직해야 한다.

— 김영익 —

사르트르는 실존이 본질에 선행한다고 일갈했다. 내가 본질을 규정하기 전 나란 존재는 이 세상에 던져졌다. 그래서 실존은 늘 본질에 앞설 수밖에 없다. 난 이것을 경제학적으로 "지수는 주가에 선행한다"라고 정의한다.

부자는 선행지수를 보는 안목이 있다. 선행지수에는 통화량, 소비자 기대지수, 주식수익률 등이 있다. 선행지수는 단기적인 경기를 보여주는 거울과 같다. 선행지수는 통계청에서 매월 발표하는 산업활동동향에서 손쉽게 볼 수 있다. 경제협력개발기구$^{OECD}$에서도 매월 각국의 경기 선행지수를 발표하는데, 우리나라의 선행지수도 포함돼 있다. 선행지수 하나만 확인해도 거시경제 흐름을 파악할 수 있다.

경기는 늘 순환한다. 경기가 가장 나쁜 때를 '경기 저점', 가장 좋은 때를 '경기 정점'이라 하는데 경제는 저점과 정점을 끊임없이 오가는 진자 운동이라고 할 수 있다. 경제는 장기적으로 성장하지만, 장기 추세선을 따라 확장과 수축을 반복한다. 이 사이클을 미리 보여주는 것이 선행지수다.

PC 게임 테트리스는 지금 떨어지는 블록과 함께 다음 블록의 예시를 함께 보여준다. 더도 말고 덜도 말고 딱 다음 블록이다. 테트리스 강자는 현재 블록이 아닌 다음 블록을 갖고 논다. 프레드릭 쿠드롱 같은 당구 고수는 지금 치는 적구가 아닌 다음 차례Turn를 머릿속에 떠올린다고 하며, 신진서 같은 국수國手는 착점을 둘 때 열 수 이상을 계산한다고 한다. 경기 예측? 다른 비결은 없다. 지수를 보는 것 외에는. 주가는 경제지표가 잉태하기 때문이다.

## 경기지수란 무엇인가

"무지는 공포의 아버지다Ignorance is the parent of fear." 허먼 멜빌의 소설《모비딕》에 나오는 문장이다. 우리는 예측 불가능한 일에 공포감을 느낀다. 알지 못하는 것, 미지의 존재에 대해 인간은 언제나 두려움이 있다. 어스름 새벽녘 내게 다가오는 네발짐승이 개인지 늑대인지 구분되지 않을 때 머리칼이 곤두서는 두려움을 경험한다. 차라리 알고 있는 존재라면 두려움도 덜하다. 알고 맞는 매가 덜 아픈 법이다.

뒤늦게 간 군대에서 화생방 훈련이 가장 두려웠다. 주변에서 죽다가 살아났다는 말을 하도 많이 들어서인지 가스실 앞에 서자 최루탄을 터트리지도 않았는데 극단적 공포감으로 숨이 제대로 쉬어지지 않을 정도였다. 하지만 화생방 훈련은 내가 두려워했던 것만큼 힘들지 않았다.

경제적 불확실성은 또 다른 공포감의 원천이다. 한 국가의 경기를 좌지우지하는 다양한 변수가 합리적 판단을 마비시키고 새로운 불안감에 빠지게 한다. 그중에서 대외 외교 문제는 대표적인 불확실성의 진앙지다. 북·미 회담 결렬로 인한 김정은 정권의 폭주와 핵무기 위협, 미·중 무역 갈등에 따른 혼란, 러시아-우크라이나 전쟁, 포스트코로나 시대 표류하는 세계 경제 패권, 기후·환경 관련 이슈들이 불확실성을 가중하고 있다.

특히 우리나라는 수출로 밥을 벌어먹는 경제 체제이므로 미·중 갈등에 의한 경제적 불확실성에 더 근원적인 타격을 입을 수 있다. 이때 스트래티지스트에게 필요한 건 불확실성을 확실성의 지대로 옮겨줄 부의 거울이다.

예측의 공간, 확실성의 지대로 초대하는 거울이 경기종합지수다. 경기종합지수Composite Economic Index는 한 나라의 경기를 종합적으로 보여주는 통계치다. 경기종합지수는 생산·소비·고용·금융·무역·투자 등 경제 부문별 경기 대응성이 양호한 경제지표들을 선정한 다음 이를 종합 작성해 통계청이 매달 공식 발표한다. 경기 변동이 어떤 국면을 거치는지 포괄적으로 보여주므로 애널리스트 사이에서 경기 예측과 전망에 널리 활용한다.

경기종합지수는 크게 선행종합지수와 동행종합지수, 후행종합지수로 나뉜다. 각기 이름처럼 경기에 앞서는 지수, 경기와 함께 가는 지수, 경기보다 뒤늦은 지수다.

선행종합지수는 경기에 앞서 나타나는 지표이므로 장래의 경기 흐름을 가늠할 수 있다. 지수가 전월보다 올라가면 경기 상승, 내려가면 경기 하강을 의미한다. 선행종합지수는 재고순환지표, 경제심리지수, 기계류내수출하지수, 건설수주액, 수출입물가비율, 코스피, 장단기금리차 등 7개 지표가 포함돼 있다.

동행종합지수는 현재의 경기를 나타내는 지표로 광공업생산지수, 서비스업생산지수, 건설기성액, 소매판매액지수, 내수출하지수, 수입액, 비농림어업취업자수처럼 7개 지표를 종합해 지수로 나타낸다. 후행종합지수는 경기의 변동을 사후에 확인하는 지표로 취업자수, 생산자제품재고지수, CP유통수익률, 소비재수입액, 소비자물가지수변화율처럼 5개 지표로 구성된다.

| 항목 | 선행종합지수 | 동행종합지수 | 후행종합지수 |
|---|---|---|---|
| 생산 | 재고순환지표 | 광공업생산지수<br>서비스업생산지수 | 생산자제품재고지수 |
| 경제 심리 | 경제심리지수 | – | – |
| 고용 | – | 비농림어업취업자수 | 취업자수 |
| 소비 | – | 소매판매액지수<br>내수출하지수 | 소비자물가지수변화율<br>(서비스) |
| 투자 | 기계류내수출하지수<br>건설수주액 | 건설기성액 | – |
| 대외 | 수출입물가비율 | 수입액(실질) | 소비재수입액(실질) |
| 금융 | 코스피<br>장단기금리차 | – | CP유통수익률 |

자료 : 통계청

    이 밖에 경기의 변동과 변곡점을 예측하기 위해 다양한 지수를 활용한다. 현재의 경기를 판단할 때 동행종합지수를 이용하지만, 현재 경기 국면과 전환점은 동행종합지수보다 동행지수 순환변동치를 이용한다.

    동행지수 순환변동치는 동행지수에서 추세를 제거한 수치로 이 지표가 올라가면 경기 확장 국면, 내려가면 수축 국면으로 해석한다. 100은 추세선을 의미하는데, 100 이상이면 경기가 추세 이상으로 좋고 100 이하이면 그 반대다. 동행지수 순환변동치의 방향성이 더 중요하다는 얘기다. 경기를 판단하는데 이처럼 추세를 제거하면 경기의 변화를 더 뚜렷하게 볼 수 있다.

향후 경기 전환점을 파악하기 위해 선행지수 전년동월비도 활용할 수 있다. 전년 같은 달의 변화에 따른 왜곡 현상을 완화하려고 전년 12개월 이동평균치에 대한 증감률을 구한다. 선행지수 전년동월비도 동행종합지수 순환변동치와 마찬가지로 비율의 크기 또는 진폭보다는 그 움직이는 방향에 더 큰 의미가 있다.

데일 카네기는 "공포에 도전하라. 꾸준히 노력하면 공포의 두께는 점점 얇아지고, 오히려 역이용할 능력이 생긴다"라고 했다. 공포에 도전하는 건 쉬운 일이 아니다. 공포에 마주하는 건 본능을 거스르는 행위기 때문이다.

그런데 우리에게 지수라는 정확한 거울이 손에 쥐어져 있다. 거울을 직시하고 내면의 공포를 잠재우는 투자자는 공포를 역이용할 능력을 갖추게 된다. "당신이 원하는 모든 것은 공포의 반대편에 있다." 조지 아데어의 이 말은 공포를 극복하고 건너가야 비로소 원하는 바를 가질 수 있다는 의미다.

## 선행지수의 위력

선행지수를 언급할 때면 어김없이 한 에피소드가 떠오른다. 2021년 들어 코스피가 3000을 돌파했다. 누구도 부인할 수 없는 활황이었다. 증권 시장에 낙관적 분위기가 팽배했다. 벌써부터 일부에서는 '코스피 4000' 시대도 도래할 것이라는 섣부른 예측이 흘러나왔다.

그해 2월 24일 난 〈국민일보〉와 인터뷰를 하면서 주가 급락을 예고했다. 대놓고 시장과 삐딱선을 타기로 작정한 셈이다. 전면에 걸쳐 인터뷰 기사가 실렸는데, 제목이 '"코스피 2000선 하락 대비하라" 서강대 스타 교수의 경고'였다. 사이트에 기사가 실린 그날 코스피는 3208이었다. 이런 기사가 나가자 조회수는 단기간에 100만 건을 넘어섰다. 기사에는 수많은 댓글이 달렸는데 대부분 욕설이었다. 사람들은 '닥터 둠'이라는 별명을 다시 소환했다.

주가가 오를 때 떨어진다고 전망하면 투자자들이 가장 싫어한다. 주가는 이후 6월까지 계속 올랐다. 그해 2월부터 6월까지 내게는 더없이 힘든 시기였다. 피가 마를 지경이었다. 이제 다른 건 다 제치고 자존심을 위해 주가가 반드시 떨어져야만 하는 기이한 상황에 직면했다.

그렇게 괴로운 터널을 지나 7월로 접어들자 주가가 하락하기 시작했다. 9월 코스피는 2135로 곤두박질쳤다. 예상했던 것보다 더 떨어졌다. 주가 하락에 대비하지 못한 '동학개미'들은 상당한 손실을 볼 수밖에 없었을 것이다.

당시 대세를 거슬러 주가 하락을 예상한 이유는 주로 두 가지에 근거한 것이다. 하나는 코스피와 거의 동행하는 선행지수 순환변동치가 하락할 것으로 봤다. 난 내가 만든 주요 경제변수를 예측하는 거시경제 모델을 가지고 있다. 주요 경제변수 전망에서 예측 오차가 가장 작은 경제변수 가운데 하나가 선행지수다.

선행지수 순환변동치가 전망대로 2021년 6월을 정점으로 하락 추세로 돌아섰다. 다른 하나는 일평균 수출금액이다. 코스피가 일평균 수출금액 사이에는 상관계수 0.86에 이를 만큼 두 변수가 거의 같은 방향으로 변동한다. 그런데 4월에는 코스피가 일평균 수출금액을 40%나 과대평가할 정도로 많이 올랐다. 그래서 주가 급락 가능성을 경고한 것이다.

일부 언론에서 내게 '한국의 닥터 둠'이라는 별명을 달아줬다. 2008년 미국의 금융위기, 2020년 코로나19로 인한 주가 급락 사태를 예상했기 때문이다. 그러나 내가 가지고 있는 데이터가 시키는 대로 따르고 있을 뿐이다. 현직에 있는 한 공중파 방송사 기자가 한 학기 동안 내 수업(거시경제지표 분석)을 듣고선 나를 '닥터 데이터'라고 불러줬다.

2022년 이후로는 코스피가 명목 GDP, 광의통화$M_2$ 등에 비해 저평가 영역에 있어 주가지수가 하락할수록 주식 비중을 더 늘리라고 투자자들에게 권유하고 있다.

금융회사에 다니면서 회사의 영업 정책에 따라 본의 아니게 고객의 자산에 손실을 가져다준 적도 있었다. 조직에 몸담고 있어 내 생각보다는 조직의 결정을 우선해 따라가야 할 때도 있었다.

현재는 데이터와 이론에 기반해 자유롭게 의사를 표현할 수 있는 대학에 있어서 내 생각을 드러내는 데 부담이 없다. 동시에 유튜버로 영상도 찍으며 구독자를 만나고 구독자들에게 나만의 시장 분석을 소개할 수도 있다.

결론적으로 금융 시장에 대한 내 철학은 다음과 같다. 금융 시장에서 희망을 얘기하지 말자. 데이터에 기반한 사실만 말해야 한다. 무엇보다 정직해야 한다.

# 21

# 부의 현미경, 물가로 시장을 본다

• • •

시장에서 재화의 물가는 내재 가치를 중심으로 크게

오르내리지만, 장기적으로 볼 때 언젠가는

반드시 내재 가치를 반영하게 된다.

— 워런 버핏 —

추석이나 설 등 명절만 되면 어김없이 콩나물이니 짜장면이니 각종 물가를 발표하는 이유는 무엇일까? 물가야말로 삶의 기본 단위에 대한 구매력과 경기를 보여주는 거울이기 때문이다. 일단 물가를 알면 경기와 시장 분위기부터 서민의 감정과 삶의 형편까지 알 수 있다. 게다가 물가는 알기도 쉽다.

거창하게 정부 누리집이나 복잡한 통계, 전문 보고서를 들여다볼 필요 없이 당장 반바지 차림에 슬리퍼 찍찍 끌고서 가까운 동네 마트만 한 바퀴 돌아봐도 알 수 있다. 이를 '체감물가'라고 한다. 체감물가는 자주 사는 상품의 가격 변동을 소비자가 주관적으로 느끼는 물가를 말하는데, 정부가 공식적으로 발표하는 '소비자물가'와는 엄연히 차이가 존재한다.

짜장면을 예로 들어보자. 밤늦게 연구실에서 연구할 때 가끔 이용하던 학교 앞 중국집 짜장면값은 6,000원이다. 아무래도 주머니 사정이 넉넉지 않은 학생들을 대상으로 장사하다 보니 시내 일반 중국집보다 저렴한 편이다. 2024년 정부가 발표한 전국 짜장면값이 평균 7,069원인 걸 감안하면 서강대학교 앞 짜장면값이 약 1,000원 싼 셈이다. 내가 어렸을 때 먹었던 짜장면값에 비하면 비교조차 안 될 정도로 많이 올랐지만 말이다. 공식 통계를 보니, 짜장면 한 그릇이 100원이던 1970년에 비해 2024년 현재 70배 오른 셈이다.

## 물가란 무엇일까?

물가는 시중에서 판매하는 각종 재화의 가격을 말한다. 영어로 '마켓 프라이스Market price', 즉 시장 가격인 셈이다. 물가가 소비에 미치는 영향은 누구라도 이해할 만큼 간단하다. 물가가 높으면 구매력이 떨어지고, 물가가 낮으면 구매력은 올라간다. 다시 말해 물가와 소비는 반비례 관계라고 할 수 있다.

동시에 물가는 시장의 기본 지표인 수요와 공급의 균형점이기도 하다. 수요가 공급보다 많으면 물가가 내려가고, 수요가 공급보다 낮으면 물가가 올라간다. 그래서 물가를 안다는 말은 한 나라의 경기와 구매력을 들여다볼 수 있는 만능 거울 하나를 손에 쥐고 있다는 뜻이다.

인간이 살아가는 모든 곳에 물가가 존재한다. 물가에서 자유로운 사람은 없다. 하다못해 지구 유일의 폐쇄 국가인 북한에도 엄연히 물가가 있다. 북한은 원칙상 시장 경제를 표방하지 않다 보니 공식 물가를 발표하지 않지만, 1996년 이후 '고난의 행군' 시절 음성적으로 형성된 '장마당'에는 나름의 물가가 형성돼 있다.

군 대북 방송에 따르면, 2024년 7월 현재 장마당에서 거래하는 쌀 1kg은 북한 돈으로 6,500원, 옥수수 1kg은 3,000원이다. 이를 우리 돈으로 환산하면 쌀 1kg은 약 633원, 옥수수 1kg은 약 292원이다. 너무 싼 게 아닌가 싶지만, 한국은행에 따르면 2023년 북한의 1인당 국민총소득은 158만 9,000원으로 4,724만 8,000원인 남한의 30분의 1(3.4%) 수준에 그쳤다.

물가는 어떤 구조로 돼 있을까? 우리가 재화나 서비스를 구매할 때 지불하는 돈의 액수를 '가격'이라 한다. 일상에서 볼 수 있는 거의 모든 상품과 서비스에는 일정한 가격이 붙어 있다. 그런데 가격은 각 재화나 서비스의 수요와 공급 조건 혹은 기간에 따라 오르거나 떨어진다. 이런 메커니즘이 말처럼 단순하진 않다.

2023년부터 국내 이커머스 시장에 뛰어든 알리나 테무는 이전에는 상상하기 어려웠던 말도 안 되는 가격으로 상품을 판매한다. 초기에는 모든 제품의 무료 배송을 원칙으로 내세우기도 했다. 규모의 경제를 통해 경쟁업체를 고사시키고 시장을 독점하려는 마케팅 방식을 선택한 것이다.

얼마 전 나도 원고 작업용 휴대용 블루투스 키보드를 사려고 해당 모바일앱에 접속했는데, 제품이 5,000원도 안 되는 가격에 올라와 있는 걸 보고 혹시 뒤에 0이 하나 더 붙어야 하는 게 아닌가 확인한 적이 있다.

이렇게 공격적인 시장 개척을 위해 저가 물량을 쏟아내는 경우는 자연스럽게 형성된 시장 가격에서 벗어난 특수한 사례일 수 있다. 일반적으로 수요가 많아지면 가격이 오르고, 공급이 많아지면 가격이 내려가는 게 전형적인 가격 형성의 원리다.

경제학에서는 시장에서 거래되는 여러 상품의 가격을 일정한 거래 기준에 따라 가중 평균한 종합적인 가격 수준을 구한다. 이것을 '물가'라 한다. 또 물가의 움직임을 한눈에 알아볼 수 있도록 기준 연도를 100으로 해 지수화한 것을 '물가지수Price Index'라 한다. 물가지수는 생산자물가지수, 소비자물가지수, 수출입물가지수 등 다양한 지수로 구성돼 있다.

물가지수는 다방면에서 활용도가 매우 높아 통계청에서는 이용자들의 요구에 부합되도록 몇 가지 추가적인 지수를 산정해 매달 별도로 공표한다. 농산물 및 석유류 제외 지수, 식료품 및 에너지 제외 지수, 생활물가지수, 신선식품지수 등이 그것이다. 잊을 만하면 꼬박꼬박 뉴스에서 시장 물가를 알려주는 건 이런 이유 때문이다. 공식 전자정부 누리집 소비자물가지수 사이트<sup>https://</sup> kostat.go.kr/cpi/에 접속하면 누구나 쉽게 확인할 수 있다.

애널리스트로 잔뼈가 굵은 나 역시 예측 모델을 돌릴 때 물가지수를 유심히 본다. 물가를 정확히 파악하면 제대로 된 투자 전략을 세우고 실행하는 데 도움이 되고, 특히 미래를 예측하는 데 중요한 잣대가 되기 때문이다.

## 인플레이션과 디플레이션

물가는 한 나라 경제의 체력인 경기를 보여주는 거울이다. 체력이 양호하거나 불량한 상태를 물가로 확인할 수 있다는 뜻이다. 1920년대 말 미국을 휩쓸었던 경제 대공황은 단적인 예다. 실업률이 가파르게 오르고 물가도 오르면서 주식 시장이 폭락한 게 대공황의 원인이었다. 이처럼 물가가 지속적으로 빠르게 오르는 것을 '인플레이션<sup>Inflation</sup>', 지속적으로 하락하는 것을 '디플레이션<sup>Deflation</sup>'이라 한다.

1,000원을 주고 살 수 있었던 물건이 2,000원이 됐다면 물건의

품질은 그대로지만 돈은 2배가 든 셈이다. 이렇게 단적으로 물가는 오르고 화폐 가치는 떨어지는 상황이 인플레이션이다. 1,000원이던 제품이 500원이 됐다면 상황은 반대다. 같은 물건을 사는 데 돈은 절반밖에 들지 않으니 하락한 물가만큼 화폐 가치는 오른 셈이다. 이런 상황을 디플레이션이라고 한다.

대표적인 인플레이션 사례는 1921년부터 1923년까지 패전국 독일이다. 1918년까지만 해도 50페니히(0.5마르크)로 살 수 있었던 빵 한 덩이 가격이 1923년에는 무려 1,000억 마르크로 올랐다. 전쟁을 준비하면서 정부가 엄청난 돈을 풀었는데, 전쟁에서 패하며 수요에 비해 공급 능력이 턱없이 떨어졌다.

그 결과 물가가 기하급수적으로 올랐고, 화폐는 아무도 받지 않는 휴지 조각이 되고 말았다. 여기에 승전국이 독일에 부담시킨 전쟁 비용도 무시할 수 없었다. 한 국가의 경제가 완전히 무너지자, 케인스의 예언대로 문명 뒤에 감춰진 야만이 되살아났고 그 야만을 등에 업은 독일은 다시 2차 세계대전을 일으키게 된다.

인플레이션과 디플레이션은 물가가 시장에서 통용되는 재화의 가치를 잘 반영하지 못하고 있다는 점에서 불균형적이라고 말할 수 있다. 즉 둘 다 나쁘다. 하지만 나쁘기로 따지자면 인플레이션보다 디플레이션이 더 나쁘다. 인플레이션은 통화나 재정 긴축 혹은 정부의 직접적인 시장 개입으로 어느 정도 잡을 수 있다. 미국이 2023년부터 기준금리를 계속 올리는 이유가 여기에 있다.

디플레이션은 백약이 무효하다. 물가가 떨어지니 좋은 게 아니냐고 할 수 있겠지만, 실제로 경기가 둔화하면서 실직과 역성장을 일으켜 사회 전체에 타격을 입히므로 인플레이션보다 더 위험하다. 일본 경제가 20년 이상 디플레이션에 빠졌던 것처럼 한 나라 경제가 디플레이션에 빠지면 탈출하기가 어려운 것도 이 때문이다.

가장 바람직한 현상은 '디스인플레이션Disinflation'이다. 디스인플레이션은 인플레이션과 달리 물가가 오르긴 하지만 그 폭이 점차 줄어드는 걸 말한다. 물가 상승률이 둔화하므로 장기적으로 경기에 긍정적 신호로 작용한다. 물가의 상승 또는 하락은 일반적으로 소비자물가지수의 지난해 같은 기간과 비교해 증감률을 기준으로 판단한다. 증감률이 마이너스 상태로 지속되면 디플레이션, 플러스 상태지만 증가율이 점점 감소한다면 디스인플레이션이라 할 수 있다. 오늘날 각국 정부는 인플레이션을 막고 디스인플레이션을 만들려고 여러 정책을 펼치고 있다.


## 의외로 많은 것을 말해주는 물가

시장을 알고 싶다면 물가를 봐야 한다. 물가지수는 화폐의 구매력을 보여준다. 한 그릇에 6,000원 하는 짜장면이 7,000원으로 오르면 서강대학교 학생들은 세 번 사서 먹을 걸 두 번으로 횟수를 줄이게 된다. 그만큼 구매력은 떨어진다. 물가의 오르내림에 따라 같은 물건에 대한 구매력이 늘어나기도 하고 줄어들기도 한다. 물가가 오른다고 해서 갑작스럽게 허리띠를 졸라매고, 물가가 내린다고 당장 한 번 살 걸 두 번 사지는 않는다.

그보다 물가는 장기적으로 구매력의 추세를 보여준다. 물가지수 하나만 잘 살펴도 시장의 변화와 기업 경영 여건을 살피기가 유용하다. 물가가 오르면 노동자는 구매력을 유지하고자 회사 측에 임금 인상을 요구하고, 이는 생산비용의 상승을 낳는다.

물가는 시장에서 수요와 공급의 균형으로 결정되므로 물가 자체에는 각 상품의 전반적인 수급 동향이 적극 반영돼 있다. 예를 들어 사과값이 갑자기 상승했다면 시장에서 사과에 대한 수요가 큰 폭으로 늘어났거나 산지에서 공급에 문제가 있다고 판단할 수 있다. 이 때문에 물가지수는 수급 동향의 기준이 된다. 물가지수는 경기 판단의 지표로도 활용될 수 있다.

경기 확장 국면에서는 일반적으로 소득이 늘어나 가계가 소비 지출을 늘리려는 경향이 있다. 지출이 늘어나 재화나 서비스를 구매하려는 사람들이 많아지면 당연히 수요와 공급의 법칙에 따라 개별 상품의 가격이 오르게 되고 전반적인 물가 역시 상승하게 된다. 경기 수축 국면이 되면 사람들이 지갑을 닫게 되고 물가는 점차 하락하게 된다.

물가지수 추이만 잘 살펴도 현재 경기가 상승 국면인지, 하락 국면인지, 정점을 지났는지, 아직 정점을 향해가는 중인지 등을 어느 정도 판별할 수 있다. 물가라는 거울은 이처럼 시장의 중요한 밑그림을 보여준다.

난 금리 전망을 하면서 우선 물가 전망을 한다. 시장 금리에는 미래의 물가가 들어 있기 때문이다. 물가가 떨어질 것으로 예상되면 시장 금리가 먼저 떨어지고 채권 가격은 오르게 된다. 물가를 보면서 채권 투자를 결정하는 것이다.

매년 말이나 연초에 가끔 회사 노조 관계자들이 날 찾아온다. 임금 협상을 해야 하는데, 앞으로 물가가 얼마나 오를 것인지 물어보기 위해서다. 최소한 임금 상승률이 물가 상승률보다 높아야 근로자의 실질소득이 보전된다. 물가는 이처럼 가계나 국가 경제에도 지대한 영향을 미친다. 그래서 각국 중앙은행 통화 정책의 가장 중요한 목표가 물가 안정이다. 여러모로 물가는 부의 현미경이 정말 맞는 것 같다.

# 22

# 부동산, 어찌합니까? 어떻게 할까요?

• • •

당신이 지금 있는 곳이 마음에 들지 않는다면, 이사하라.
당신은 나무가 아니다.

— 짐 론 —

대학에 와서 성장하는 제자를 보는 게 가장 큰 기쁨이다. 제자
들이 좋은 직장에 들어가거나 결혼을 앞두고 오랜만에 모교도 볼
겸 연구실에 있는 날 찾는 경우가 많다. 반가운 얼굴을 보는 건
언제나 즐거운 일이다. 게다가 그 살인적인 경쟁을 뚫고 회사에
입사한 제자들 아닌가.

개중에는 청첩장을 들고 와서는 주례를 서달라고 부탁하는 제
자도 있다. 그러면서 빠지지 않는 질문이 있다. "집은 언제 사야
할까요?" "집값이 조정을 받고 있는데 지금이 적기 아닐까요?"

이제 막 사회에 진출한 한 젊은이가 짊어져야 할 삶의 무게를 누구보다 잘 알기에 가벼운 마음으로 대답하기 참 곤란한 질문이 아닐 수 없다. 내가 살 집을 고르는 것보다 어쩌면 더 어려운 문제가 제자들이 살 집을 고르는 일이다.

그런 질문을 받을 때마다 마른침을 삼키며 이렇게 말하곤 한다.

집이라는 건 사는Buying 게 아니라 사는Living 곳이야. 돈이 있으면 지금이라도 사면 되겠지만 돈이 없다면 굳이 빚까지 내서 사는 건 아닌 거 같아. 조금 기다려보는 게 어떨까?

착하디착한 제자들은 하나같이 스승의 싱거운 답변에 초롱초롱한 눈을 반짝이며 "그렇죠? 저도 그렇게 생각했습니다"라며 빠르게 수긍한다. 걸음을 총총 옮기며 돌아가는 제자들의 뒷모습을 보면서 겁이 덜컥 난다. 괜히 저들에게 쓸데없는 혼란을 준 건 아닐까? 이만큼 부동산은 어렵다.

## 빛바랜 부동산 불패론

우리나라는 오랫동안 부동산 불패 신화가 호령했다. 빚을 내든 어쨌든 사놓으면 언제나 부동산은 무섭게 올랐다. 그러나 이제 부동산 시대는 저물어가고 있다. 우리는 과거에서 교훈을 일부 얻을 수 있다.

2008년 불어닥친 미국발 글로벌 금융위기가 대표적이다. 투자처를 찾지 못한 돈이 CDO라는 부채담보부증권에 몰리면서 은행과 금융권이 프라임(우량) 신용 등급이 아닌 서브프라임(비우량) 등급의 사람들에게도 주택담보대출을 남발했던 게 화근이었다.

시장을 움직였던 신용이라는 허들이 사라지니 사람들은 일제히 부동산을 투기 대상으로 삼았다. 부동산 시장에 재빠르게 거품이 꼈다. 대출이자 이하로 집값이 하락하자 서브프라임 등급의 사람들이 모기지(주택담보대출)로 빌린 돈을 갚지 못하게 되거나 일부러 안 갚게 됐다. 중국이 2001년 세계무역기구 WTO에 가입한 이후 저임금을 바탕으로 생산한 상품을 미국에 수출한 것도 미국에 저물가와 저금리를 가져왔고 결국 이 사태에 크게 기여했다.

1990년 이웃 나라 일본의 버블 붕괴 역시 끝 모를 부동산 불패 신화가 낳은 아비규환이었다. 부동산 가격은 브레이크가 파열된 폭주 기관차처럼 질주했고, 일본인은 너나 할 것 없이 경쟁하듯 빚을 내서 집을 사들였다. 도쿄 디즈니랜드나 하우스텐보스 같은 놀이동산이나 테마파크가 우후죽순 지어졌다.

1980년대 돈이 넘쳐나던 일본은 태평양을 건너 미국 경제의 상징이자 세계 증권계의 심장부인 뉴욕 맨해튼의 마천루를 사들였고, 쇼핑하듯이 이름만 대도 누구나 알 법한 할리우드의 영화

사들을 매입했다. 그런 일본을 미국의 한 칼럼니스트는 태평양전쟁 때 일본 해군이 사용했던 전범기를 빗대 '떠오르는 태양Rising sun', 즉 '욱일旭日'이라 부르기도 했다.

심지어 호사가들 사이에서 일본의 땅값으로 미국 본토를 통째로 사고도 절반 이상 남는다는 이야기가 돌기도 했다. 그러나 일단 거품이 꺼지자, 일본 부동산 시장은 곤두박질치는 주가와 함께 무너져 내렸다. 그때 충격은 일본 국민에게 '잃어버린 30년'을 안겼고, 그 여파는 지금도 이어지고 있다.

2000년 1월과 2006년 4월 사이에 미국 20대 도시의 주택가격이 105% 상승했다. 사람들은 돈을 빌려서 집을 샀고, 집값 상승으로 소비를 흥청망청 늘렸다. 금융회사는 앞다퉈 집을 담보로 빌려준 돈으로 다양한 파생상품을 만들어 팔았다.

그런데 거품은 2006년 하반기 들어 꺼지기 시작했다. 이런 일이 다시 반복되고 있다. 2012년 3월부터 2024년 5월까지 20대 도시의 주택가격이 140% 상승했다. 같은 기간 소비자물가 상승률(37%)이나 가처분소득 증가율(69%)보다 훨씬 큰 폭으로 올랐다. 미국 주택가격에 또다시 거품이 형성된 것이다.

우리나라 집값도 많이 올랐다. 국민은행의 주택 통계에 따르면 전국 아파트 가격이 2009년 3월에서 2022년 6월 사이에 75% 상승했다. 같은 기간 전국 평균 아파트 매매가격이 2억 4,636만 원에서 5억 6,136만 원으로 올랐다. 서울의 경우 5억 1,766만 원에서 12억 7,992만 원으로 급등했다.

그러나 전국 아파트 가격은 2022년 6월에서 2024년 7월 사이에 11% 정도 하락했다. 2024년 7월 전국 아파트 평균 가격이 5억 271만 원으로 낮아졌고, 서울은 12억 1,387만 원으로 떨어졌다. 추세로 보면 서울은 2024년 4월부터 다시 집값이 올랐다가 하반기 들어 다소 진정되는 모양새다. 과연 지금 집을 사야 할까?

내가 보기에 집값은 아직도 높은 수준에 있다. 우선 소득에 비해 집값이 너무 비싸다. 한국주택금융공사에 따르면 2023년 전국 가구 소득 대비 주택가격 비율PIR, Price to Income Ratio이 7.04로 2004~2022년 평균(5.44)보다 29% 높았다. 서울도 2023년 이 비율이 9.22로 과거 평균보다 16% 높았다.

다음으로 집값을 평가하는 가격임대료 비율PRR, Price to Rent Ratio로 봐도 집값은 과대평가된 상태에 있다. 주로 거주하는 아파트는 2024년 7월 PRR이 2000~2023년 평균보다 전국은 20%, 서울은 27% 높다.

## 집은 투자재가 아니라 소비재

일본 사람들이 1985년과 1989년 사이에 집을 사놓으면 집값이 지속적으로 상승해 집을 투자재로 생각했다. 그러나 1990년 들어 집값 거품이 붕괴하면서 집에 관한 생각도 투자재에서 소비재로 바뀌었다. 집은 단순하게 사는 곳이라는 것이다.

난 우리나라도 점차 일본과 같은 시기에 접어들 것으로 내다보고 있다. 우리나라 집값을 결정하는 요인은 크게 세 가지다. 금리, 가계대출액, 경기(소득)다. 빈번하게 바뀌는 정부의 부동산 정책도 우리나라에선 무시할 수 없는 변수다. 단기적으로는 금리나 대출액이 집값에 영향을 많이 미친다. 최근 시장금리가 하락하면서 집값 상승 요인으로 작용하고 있다. 가계 부채가 높은 수준임에도 다시 집을 사려는 주택 매입 관련 대출도 늘고 있다.

중장기적으로는 경기가 금리나 대출보다는 집값에 더 중요한 영향을 준다. 현재 우리나라 잠재성장률은 2% 안팎으로 추정된다. 2030년대에는 1%대 초반으로 떨어질 가능성이 높다. 잠재 성장을 결정하는 노동이 감소하고 있기 때문이다. 여기다가 대기업이 이미 자본을 많이 축적해서 투자가 많이 늘어날 가능성은 아직 낮다.

또 다른 잠재 성장의 결정 요인인 총요소생산성도 하루아침에 늘어나기는 힘들다. 잠재성장률이 낮아지면 그만큼 소득 증가 속도도 둔화할 수밖에 없다. 갈수록 집을 살 수 있는 소득이 별로 늘어나지 않을 것이라는 얘기다. 현재도 가구 소득에 비해서 집값이 굉장히 높다.

그동안 집값 상승 요인으로 작용했던 가구수가 줄어들 수도 있다. 통계청 추계에 따르면, 서울의 가구수가 2029년을 정점(2024년 408만 3,000가구, 2029년 412만 6,000가구, 2040년 406만 4,000가구)으로 장기적으로 하락 추세로 접어든다. 핵개인 시대를 맞이해 과거 4인 가구의 형태가 해체되고 최근 1인 가구가 많이 늘어난 게 사실이다.

하지만 우리나라는 2025년부터 65세 이상 인구가 20%를 넘는 초고령 사회로 진입한다. 인구수를 유지할 자체 체력이 부족하다. 결국 앞으로 대한민국의 가구수는 줄어들 수밖에 없다. 이 말은 집을 장만하는 세대가 줄어들 수밖에 없으며, 그렇게 되면 부동산 가격이 내려가게 된다는 뜻이다.

주택가격 차별화 현상은 더 심화할 가능성이 있다. 한국은행의 자금순환 통계에 따르면, 2023년 우리나라 개인이 금융회사에 저축한 돈이 빌려 쓴 돈보다 161조 원이 많았다. 이 돈을 보유한 사람들이 살려고 하는 곳은 더 오를 수 있다. 그러나 집값이 더 오르면 이 지역에 새로 진입할 가구는 더 줄어든다. 크게 보면 우리나라 역시 집이 투자재에서 소비재로 가는 대전환의 과정이 전개되고 있는 것 같다.

재미있는 일화를 소개할까 한다. 하루는 평소 친분이 있던 부동산 전문가에게서 전화가 왔다. 서강대학교에서 가까운 곳에 구축 아파트가 하나 매물로 나왔는데, 자신이 가보니 가격도 가격이지만 풍수지리로 봐도 손색이 없는 곳이라고 적극 권했다. 그러면서 하는 말이 "저 아파트를 사면 교수님이 서강대 총장이 될 겁니다"라고 하는 게 아닌가.

난 우스갯소리로 넘겼지만 이후로 지금까지 아내는 가끔 내게 뼈아픈 농담을 던진다. "당신이 저 아파트를 놓쳐서 지금도 총장이 안 된 거예요." 역시 집 문제만큼은 무조건 아내 말을 들어야 하는 것일까?

# 23

# 반사적 사고와 반성적 사고

당신이 다수의 편에 서 있다는 걸 발견할 때마다
멈춰서 반성해야 할 때다.

― 마크 트웨인 ―

거울은 두 가지 기능이 있다. 반사와 반성이다. 반사反射는 빛을 되돌려주는 것이다. 빛의 파동이 다른 두 매질의 경계에서 방향을 바꿔 진행하는 물리 현상이다. 반사는 받은 만큼 돌려주는 행위다. 나를 "바보!"라고 부르는 상대에게 무덤덤하게 "반사!"를 외치는 것도 그런 이유에서다.

빛이 거울처럼 매끈한 경계를 만나면 정반사正反射라 하는데, 거울 속의 자신을 볼 수 있는 건 정반사 덕분이다. 거울에 비친 내 모습을 들여다보며 '어, 얼굴에 뭐가 묻었네', '오늘 얼굴은 내가 봐도 괜찮은데'라고 느끼는 걸 반성反省이라고 한다. 반사가 순전히 내 밖에서 일어나는 물리적 작용이라면, 반성은 내 안에서 일어나는 정신적 작용이다.

볼리비아 안데스산맥 해발 3,656m의 우유니 사막은 천연 소금 창고다. 우기 때 우유니 사막을 갔다 온 지인이 침이 마르도록 경관을 칭찬하기에 속으로 뭐가 그리도 좋을까 싶었다. 그런데 그 지인이 보여준 사진을 보고 나서야 그 말의 뜻을 단박에 이해했다. 멀리 삼각대를 세워놓고 친구들과 수면 위에서 점프하는 사진을 봤는데, 그 순간의 장면은 마치 컴퓨터 그래픽으로 그린 듯 위아래가 겹친 환상적인 데칼코마니를 이루고 있었다.

12월부터 이듬해 3월까지는 그 지역에 비가 내리는데, 하얀 사막 위로 수심 약 30cm 호수가 만들어진다. 물이 들어찬 우유니 사막은 위아래로 어디가 하늘이고 어디가 땅인지 경계를 알 수 없는 동화의 나라가 된다. 어쩌면 이 시기 우유니 사막은 세상에서 가장 큰 거울인지 모른다. 이처럼 물에 비친 그림자가 반사라면, 그 사진을 보고 감탄하는 건 반성이다.

## 반사적 사고

사고에도 반사적 사고와 반성적 사고가 존재한다. '반사적 사고<sup>Reflexive thinking</sup>'는 구체적인 사고와 반성을 거치지 않은 무의식적 사고라고 할 수 있다. 과학 시간에 배웠던 무조건반사를 떠올려 보자. 몸의 신경은 무조건반사의 전형을 보여준다. 뜨거운 주전자를 만지거나 날카로운 못에 찔리면 나도 모르게 손을 움츠린다. 앉아 있는데 누군가 무릎을 쇠막대기로 치면 내 의지와 상관없이 반사적으로 다리가 튀어 오른다. 반사적 사고 역시 이와 같다. 이성적 사고를 거치지 않고 거의 본능에 이끌리는 사고를 보인다. 해놓고 나도 이해할 수 없는 느낌을 받는다.

반사적 사고에도 일정한 사고 회로가 존재한다. 파블로프의 개를 떠올려보자. 소련의 과학자 이반 파블로프가 했던 실험으로 잘 알려져 있다. 개에게 먹이를 주면서 동시에 종소리를 들려주면 어느 순간부터 개가 종소리만 들어도 군침을 질질 흘린다는 것이다. 앞서 말한 무릎 반사와 다른 점은 이 반사 행동이 경험을 전제하고 있다는 사실이다.

일상적으로 하는 반사적 사고에도 이처럼 경험에 영향받는 사고가 적지 않다. '김 대리는 동료에게 항상 짓궂은 편이야', '프로젝트는 말썽이야' 같은 반사적 사고는 과거 부정적 경험을 토대로 형성된 조건반사의 다른 표현일 뿐이다.

이런 반사적 사고에 장점이 없는 건 아니다. 반사적 사고는 '투쟁–도피 반응<sup>Fight-or-flight response</sup>'처럼 진화 과정에서 인간이 생존을 위해 오랫동안 익혀온 본능이라고 할 수 있다. 어스름 여명을 뚫고 저 멀리서 슬금슬금 다가오는 존재가 개인지 늑대인지 알아차리는 시점이 빠르면 빠를수록 생존 확률은 그만큼 높아진다. 이처럼 즉각적인 행동이 필요한 순간에 반사적 사고는 제 실력을 발휘한다.

하지만 반사적 사고는 주변 상황에 대처할 수 있다는 장점에도 불구하고 사건의 전모를 파악하고 이면에 숨은 인과관계를 이해하는 데 더디다는 단점이 있다.

## 반성적 사고

'반성적 사고Reflective thinking'는 선입견을 걷어내고 사건이나 사물의 본질을 들여다보는 사고를 말한다. 이런 사고는 주변 상황에 즉각적인 대처가 늦지만, 상황을 전체적으로 조망하고 그 의미와 관계, 해법을 차근차근 찾을 수 있게 도와준다. 거울은 우리에게 반사적 사고를 넘어 반성적 사고를 하게 해준다.

교육심리학자 존 듀이는 교육에서 반성적 사고가 의심스럽고 갈등을 일으키며 혼란스러운 상태를 명료하고, 일관되고, 안정되고, 조화로운 상태로 전환해준다고 말한다. 반성적 사고는 매일 경험하는 일상을 무의식의 흐름에 따라 받아들이지 않고 우리가 무엇을 하는지 스스로 알게 해주는 무기다.

| 반사적 사고 | 반성적 사고 |
|---|---|
| • 빠른 속도 | • 느린 속도 |
| • 얕은 사고 | • 깊은 사고 |
| • 좁은 개방성 | • 넓은 개방성 |
| • 결과 중심적 사고 | • 과정 중심적 사고 |
| • 우승열패적 접근 | • 상보적 접근 |
| • 순응 | • 변혁 |
| • 본능적/자동적 사고 | • 이성적/분석적 사고 |

투자는 대표적인 반성적 사고다. 반성적 사고를 하는 투자자는 외부 평가보다 내부 성찰에서 해답을 찾는다. 경쟁보다 상생과 협력을 추구하며, 즉각적 행동보다 면밀한 관찰과 해석, 합리적 추론을 선호한다.

반성적 사고를 하는 투자자는 복잡한 수치나 사변적인 어휘, 현란한 웅변에 놀아나지 않는다. 대신 면밀한 분석과 일관된 이해를 바탕으로 데이터를 개연성 있게 해석하려 한다.

부의 거울은 반성적 사고를 돕는다. 그릇된 사고 회로는 바로잡고 잘못된 시각을 교정한다. 거울은 기계적 반사를 넘어 반성과 성찰을 하도록 돕는다.

사고로 사지를 잃거나 훼손을 경험한 환자에게 거울 치료Mirror Therapy를 한다. 하루아침에 한 팔이 사라진 사람은 반사적 환상 때문에 자기에게 여전히 팔이 달려 있다고 착각한다. 심지어 팔이 없어도 통증과 감각은 살아 있기도 한다. 이를 환상사지幻想四肢라고 한다.

문제는 팔이 없으므로 통증을 멈추게 할 수 없다는 데 있다. 이 때 의사는 거울 상자를 사용해 이런 착각을 제거하는데, 상자 안에서 반대 팔을 거울에 비춰 마치 잃은 팔이 있는 것처럼 보이게 한다. 그다음 거울 속의 팔이 실제로 있다고 암시를 주고 남은 팔에 적절한 조치를 해 환상을 해소하는 것이다.

## 주식 시장에서 반사적 사고와 반성적 사고

2024년 8월 초에 세계 주요 주가지수가 급락했다. 원인은 미국의 경기 침체 가능성, 엔캐리트레이드의 청산, 중동사태 악화 등이다.

그 이전에 내 유튜브 방송 등을 통해 7월 중순 이후 주가가 한 달 정도 조정을 보일 것으로 전망했다. 우선 미국 주가가 명목 GDP, 산업 생산, 소매 판매, 고용 등 경제지표에 15% 이상 과대평가된 것을 조정 이유로 제시했다. 미국 주가가 떨어지면 주식형 펀드로 돈이 덜 유입되고 외국인이 우리 주식을 팔 것으로 봤다. 그리고 코스피를 일평균 수출과 비교하는데, 코스피 역시 15% 정도 과대평가된 상태였다. 이것은 독창적인 관점이라 할 수 있다.

이런 상황에서는 주식 비중을 줄인다. 때로는 인버스 ETF를 사서 리스크 관리를 한다. 이것이 주식 시장을 대하는 내 반사적 사고다. 그러나 2024년 8월 5일 주가가 급락했을 때, 유튜브 긴급 진단을 통해 서서히 주식 비중을 늘리라고 구독자들에게 권유했다. 나 역시 줄였던 주식 비중을 다시 늘렸다. 주가 급락으로 주가 지수, 특히 코스피는 단기적으로나 중장기적으로 고평가가 완전히 해소됐기 때문이다.

2025년 상반기 미국 경제가 침체에 빠질 수 있지만, 그 정도는 심하지 않은 것으로 봤다. 이에 대응해 연준이 금리를 내릴 것으로 전망했다. 엔 가치가 급격한 상승에 따른 엔캐리트레이드도 어느 정도 청산된 것으로 판단했다. 중동사태는 판단할 수 있는 영역은 아니지만, 제5차 중동전쟁 등 극단적 상황까지 가지 않으리라 봤다. 무엇보다 명목 GDP에 코스피 저평가 정도가 역사상 가장 심했다. 그래서 구독자에게 주식 비중 확대를 권유했고, 나 역시 그대로 실천했다.

내가 주가를 전망하고 투자 전력을 세우는 반성적 사고의 소산이다. 이처럼 부의 거울은 내 반사적 사고가 가진 근원적 한계를 극복하도록 돕는다.

# 24

# 돈의 뒷면은 시간이다

• • •

부유한 사람은 시간에 투자하고
가난한 사람은 돈에 투자한다.

— 워런 버핏 —

《이상한 나라의 앨리스》(1865)로 잘 알려진 루이스 캐럴이 연작
으로 《거울 나라의 앨리스》(1871)를 쓴 사실을 아는가. 전작에서
발랄한 주인공 앨리스가 토끼 굴에 떨어져 이상한 나라로 모험을
떠난 것과 달리 《거울 나라의 앨리스》에서 거울을 통해 다른 세
계로 들어간다. 말하자면 현실과 판타지를 연결해주는 마법의 거
울인 셈이다. 작품 속 거울은 7세 소녀 앨리스의 자아 탐색과 숙
녀로의 성장을 상징하는 도구로 내적 성찰과 외적 세계 사이의
상호작용을 나타낸다.

작품 속 거울 나라의 시간이 매우 느리게 흘러간다는 점이 흥미롭다. 앨리스가 아무리 빨리 달리려고 해도 마치 쳇바퀴를 도는 것처럼 늘 제자리에서 발만 동동 구르고 있다. 거대한 블랙홀에 빠진 것처럼 거울 나라의 시간은 앨리스에게 한없이 더디게만 흐른다.

거울 나라의 물리적 시간을 빗대어 진화생물학자인 리 밴 베일런은 지구상의 모든 생명체는 서로 다른 속도로 진화하며, 한 종이 진화할 때 환경 역시 진화하므로 뒤처지지 않으려면 끊임없이 따라가야 한다는 '붉은 여왕 효과Red Queen Effect'(1971)를 발표했다. 체스판의 여왕(퀸)이 같은 자리에서 뛰는 앨리스를 보고 측은히 여기는 대목에서 베일런이 힌트를 얻은 것이다.

붉은 여왕 효과는 오늘날 경영학에서도 응용하고 있다. 스탠퍼드대학 경영학 교수인 윌리엄 바넷과 모튼 헨슨은 논문 〈조직 진화 내의 붉은 여왕The Red Queen in Organizational Evolution〉(1996)에서 붉은 여왕 효과가 시장에서도 작동한다고 주장했다. 두 사람은 시장에서 새로운 돌파구를 발견한 기업이 그 지위를 오래 유지하지 못하고 바싹 뒤를 따르던 후발업체에 잡아먹힌다고 했다.

우리는 저마다 '레드 오션'을 피해 상대적으로 경쟁이 적은 '블루 오션'을 찾는다. 그러나 오늘날 그런 시장은 눈을 씻고 찾아봐도 없다. 기존 시장은 이미 검증됐고 수요도 충분하기에 빨리 들어가면 경쟁에 참여할 수 있다는 것이다. 책의 공동 저자들은 그렇게 경쟁을 피한 기업보다 경쟁에 뛰어든 기업이 생존 확률 면에서 더 좋은 결과를 냈다고 말한다.

## 시간, 또 다른 종잣돈

시인이자 퓰리처상을 두 번 받은 칼 샌드버그는 이런 말을 했다.

> 시간은 인생의 돈이다. 시간은 우리가 가진 유일한 돈이다. 자신만이 시간이라는 돈을 어떻게 쓸지 결정할 수 있다. 다른 사람이 내시간을 쓰지 않도록 조심하라.

인간에게 본질적으로 투자 수단은 두 가지밖에 없다. 시간과돈이다. 많은 사람이 투자 수단으로 돈은 당연한 것으로 여기지만, 시간에 관해서는 생뚱맞게 받아들이는 경우가 많다. 얼마 안되는 푼돈을 아끼려고 시간을 버리는 사람이 주변에 많은 이유는투자 수단의 하나로 시간을 대수롭지 않게 여겨서 그렇다. 택시비 1만 원을 아끼려고 미팅 장소까지 10분 넘는 거리를 걸어가야할까? 돈도 일차적으로는 시간을 투자해서 벌어들인 자산이다.

스트래티지스트로 일하다 보면 종종 시간과의 싸움을 벌인다.

경기를 내다보고 주가를 예측하는 일은 어쩌면 미래의 시간을 끌어당겨 현재에 얽어매려는 노력처럼 느껴지기 때문이다. 돈보다 시간이 더 중요한 자본이다. 돈은 상속이나 복권 당첨금을 제외하고 공짜로 주어지지 않지만, 시간은 부자든 가난한 사람이든 모든 사람을 가리지 않고 매일 공평하게, 그것도 공짜로 주어지기 때문이다. 그래서 시간의 중요성을 과소평가한다.

"땅을 파봐라. 돈이 나오나"라는 말을 듣고 자란 세대로 공짜 돈이란 게 무료 도시락처럼 매우 드문 경우란 걸 잘 알고 있다. 시간은 돈이라는 벤저민 프랭클린의 격언은 진부한 표현이지만, 전망을 내놓는 나에겐 더없이 중요한 진리를 담고 있다.

모든 사람에게 주어진 하루 24시간이라는 시간의 자산은 빈부와 귀천의 구분 없이 동일하다. 그렇다고 하루라는 시간이 모두에게 '등가'를 갖는 건 아니다.

어떤 투자자가 "우리의 10분이 대기업 총수의 10분과 동일한 가치를 가질까요?"라고 물었다. 길을 가다가 1만 원짜리 1장을 주웠다면 이게 웬 떡이냐 좋아하겠지만, 메피스토펠레스가 돈과 시간 중에서 하나만 선택하라고 요구한다면 세계적인 기업의 CEO는 후자를 선택할지 모를 일이다. 푼돈을 아끼려고 자신의 귀중한 시간을 버리는 바보라면 돈을 벌 수 없기 때문이다.

이와 관련해 《정의란 무엇인가》로 유명한 하버드대학의 철학자 마이클 샌델은 한 강연에서 이런 미국식 조크를 했다.

빌 게이츠가 출근하다가 길에 떨어진 100달러 지폐를 발견했다고 가정해봅시다. 게이츠가 그 돈을 주울까요? 아닙니다. 아마 게이츠는 돈을 줍는 시간에 그보다 훨씬 생산적인 일을 선택할 겁니다. 허리를 구부려 돈을 집는 데 최소한 2초 이상 걸리기 때문이죠.

빌 게이츠의 2021년 연봉이 약 40억 달러니까 단순히 계산하면 1초에 127달러쯤 번 셈이다. 비용편익분석Cost-benefit analysis을 통해 빌 게이츠의 2초를 돈으로 사려면 최소한 250달러 이상은 줘야 한다는 계산이 선다. 2024년 우리나라 최저임금이 시간당 9,860원이니까 1초에 약 2원을 버는 대한민국의 노동자들과 비교 자체가 불가하다.

노동자마다 시급에 현격한 차이가 존재한다. 어떤 일을 하느냐, 만들어내는 성과가 무엇이냐에 따라 수입은 천차만별이다. 해당 노동자가 자신의 영역에서 대체 불가한 인력이라면 아마 연봉은 부르는 게 값일 게다.

곧 조만장자 진입을 눈앞에 둔 지구상 최고의 부자 중 하나인 제프 베이조스는 2021년 아내와 이혼하면서 지불한 40조 원대의 위자료를 빼고도 1초당 평균 2,500달러를 벌었다고 한다.

잉글랜드 프리미어리그에서 주전 공격수로 뛰는 손흥민 선수의 2022년 주급은 약 2억 2,000만 원으로 알려져 있다. 단순히 계산기만 두들겨봐도 손흥민은 1초에 364원, 1분에 2만 1,840원, 1시간에 131만 400원을 벌고 있다. 시간과 돈의 비율은 이처럼 노동자의 능력과 가치에 따라 크게 다르다.

그러나 손흥민 선수의 수입과 제프 베이조스의 수입은 성격상 조금 다르다. 손흥민의 수입은 오로지 혼자 그라운드를 뛰며 벌어들였지만 제프 베이조스는 직원 수십만 명과 함께 벌어들였다. 한 명의 축구선수 뒤에는 여러 스태프와 코치가 존재하지만, 세계적인 기업의 총수에 비할 바는 못 된다.

가난한 사람은 돈을 벌려고 시간을 쓰지만 부자는 시간을 벌려고 돈을 쓴다. 그런 의미에서 대기업 CEO는 하루 24시간이 아닌 자기 일을 대신할 직원 수만 명을 둬 수십만 시간의 인생을 살아가는지도 모른다.

이를 두고 《부자 아빠 가난한 아빠》를 집필한 로버트 기요사키는 현금 흐름의 4사분면으로 설명한다. 1사분면은 직장인 Employee, 2사분면은 자영업자 Self Employee, 3사분면은 사업가 Business Owner, 4사분면은 투자가 Investor다. 기요사키는 경제 활동을 하는 모든 사람을 네 범주로 분류할 수 있다고 말한다.

문제는 1사분면과 2사분면에 속한 경제인은 시간과 돈을 맞바꾸는 함정에 빠져 있다는 것이다. '노동 수입'을 벌어서 생계를 유지하는 이들이다. 모두가 선망하는 의사나 변호사 등 전문직에 속한 이들도 시간당 수입 단가가 높을 뿐 일정한 시간을 투여하지 않으면 대번 파산하고 만다.

3사분면과 4사분면은 '자산 수입'을 얻는 사람들이다. 다른 사람의 시간을 레버리지로 활용해 돈이 돈을 버는 구조다. 진정한 부자는 여기에서 출현한다.

## 연령별 투자 원칙

'돈의 노예'라는 말이 있다. 돈이라는 차꼬를 달고 한 달에 한 번씩 들어오는 월급에 의지해서 근근이 살아가는 사람은 돈줄이 마르는 순간 굶어 죽는다. 그러나 더 무서운 노예는 시간을 빼앗긴 노예다. 아들에게 습관처럼 말한다.

돈을 잃는 건 적게 잃는 것이다. 잃은 돈은 다시 벌면 되기 때문이다. 돈을 잃는 것보다 더 끔찍한 건 오늘날 직장인들이 그 돈을 벌려고 시간을 잃고 있다는 사실이다. 자신의 시간을 회사에 저당 잡힌 노동자들은 가족들과 함께 저녁을 먹고 같이 TV를 보는 삶, 자녀가 성장하는 모습을 바라보는 삶이 애초에 불가능하다. 어쩌면 이들이 진정한 의미에서 자발적 노예 아닐까?

같은 맥락에서 돈의 노예는 돈에 얽매여 있는 사람이 아니라 돈 때문에 자신의 시간을 강탈당한 사람이다. 그래서 돈의 노예 반대말은 돈의 자유인이 아니라 시간의 자유인이라고 봐야 한다.

성서 〈에베소서〉(5장 16절)에 "세월을 아끼라 때가 악하니라"라는 말씀이 있다. 여기서 '세월'은 그리스어로 '기회'를 뜻하는 '카이로스', '아끼다'는 '돈을 주고 노예를 산다'는 의미의 '엑사고라조'다.

그리스인들은 시간을 '크로노스'와 '카이로스'로 구분한다. 그리스인들에게 크로노스가 물리적 시간, 객관적이고 정량적으로 주어진 24시간이라면, 카이로스는 질적인 시간, 주관적이고 정성적인 시간이다.

그리스인의 사고방식에는 두 종류의 시계가 돌아가는 셈이다. 그리스 신화 속에 크로노스는 반란을 두려워해 자기 아들을 물어뜯고 집어삼키는 절대악으로 등장한다. 이처럼 인간 앞에 놓인 24시간은 인간을 통째로 먹어 치운다.

10절에서 언급한 것처럼 카이로스는 인생에서 세 번 우리 곁을 지나간다. 문제는 지나가는 카이로스를 잡느냐 마느냐. 성서의 세월을 아끼라는 말은 시간의 노예에서 벗어나라는 말이다. 당신이 투자하면 일하지 않아도 되는 하루를 사들인 셈이다. 시간이라는 축을 넣지 않은 투자는 의미가 없다. 투자할 때 연령대를 고려하는 것도 중요한 이유가 여기에 있다.

인생에서 투자를 시작하기에 늦은 시간은 없다. 오늘이 투자에 진입하는 데 가장 이른 시간이다. 하루를 고민하고 늦춘다면 그만큼 투자는 늦어진다. 대학원에서 제자들을 보면 경제와 시장을 다루는 학과의 특성 때문인지 대부분 주식이나 코인 투자에 매진하는 걸 보게 된다. 젊을 때 주식 투자를 한다는 건 얼마나 축복받은 인생인가.

예를 들어보자. 주식과 채권 비중은 투자 포트폴리오에서 중요한 배분의 원칙을 보여준다. 45세 이하라면 채권보다 주식 비중을 올리는 게 좋다. 이 연령대 투자자라면 대부분 직장을 다니면서 소득이 지출보다 많고 앞으로 돈을 벌 수 있는 날이 훨씬 많으므로 보다 공격적인 포트폴리오를 짜는 게 좋다.

45세 이상이라면 채권과 주식의 비중을 얼추 맞추는 게 좋다. 주식보다 채권이 아무래도 안전한 수익을 보장하므로 나이가 많을수록 자산을 버는 것보다 지키는 게 필요하기 때문이다. 60세 이상이라면 주식보다 채권 비중을 더 높이 가져가는 게 좋다. 이 시기는 은퇴하고 수입보다 지출이 늘어나는 경우가 대부분이므로 수익률보다 자산의 안전성을 먼저 고려해야 한다.

내가 당장 100을 가지고 투자한다면 45세 이하는 주식에 70, 채권에 30 정도를 넣고 45세 이상은 주식과 채권을 모두 50으로 넣는다. 60세 이상 은퇴자라면 채권에 70, 주식에 30 정도 넣는다. 국채가 단기채인지 장기채인지에 따라, 금리가 높은지 낮은지에 따라 다양한 포트폴리오를 만들 수 있다. 이 부분은 뒤에서 더 자세히 다루도록 하겠다.

《거울 나라의 앨리스》에 등장하는 세계처럼 시간이 정지한 듯한 투자는 곤란하다. 돈의 뒷면은 시간이며, 돈이 흐르는 곳에 시간도 함께 흐르기 때문이다.

# 3장

# 미래의 ✦ 거울

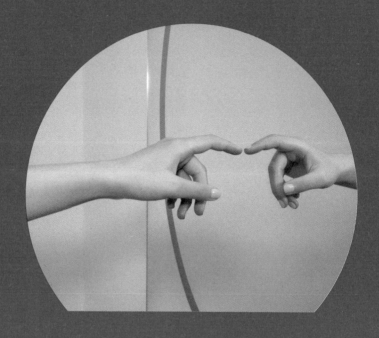

부의 거울은 내일의 조망을 제시한다. 재산 증식의 성공은 인생의 행복을 위한 발판에 불과하며, 행복을 보다 명확하게 정의하지 않고서는 투자도 헛발질에 불과하다. 이제까지 어제에 거울을 비추고, 오늘의 모습에 거울을 들이댔다면 지금부터는 내일을 향해 거울을 틀어야 한다. 바로 미래의 거울이다. 부의 거울은 내일의 시장도 보여준다.

최근 '메타버스'가 회자되면서 '거울 세계Mirror worlds'가 뜨고 있다. 거울 세계는 마치 세상을 거울로 비춘 것처럼 현실 세계를 디지털 안에 똑같이 구현하는 것으로 메타버스 세계관에서 꼭 필요한 기술이다. 거울에 비춘 모습이 현실과 닮아서 '디지털 트윈'으로 불리기도 한다. 사물인터넷과 증강현실 등으로 현실 세계와 디지털 세계가 완전히 연결되면 빅데이터의 이동에 따라 거울 세계는 마치 쌍둥이처럼 현실을 닮은 또 하나의 우주가 될 것이다.

거울 세계의 핵심 영역은 단연 시뮬레이션이다. 가상 공간에서 예측된 문제점을 보완해 다시 현실 세계의 공장에 적용함으로써 정밀한 생산 계획 수립과 효율성을 극대화할 수 있다. 투자 역시 마찬가지다. 정확한 경기 예측으로 미래의 경제 변동을 시뮬레이션해볼 수 있다. 3장에서는 미래의 거울을 통해 '이미 온 미래'를 잠깐 엿보도록 하자.

# 25

# 부의 망원경으로 바라보는 미래

• • •

우리는 망원경으로 과거를 보고 현미경으로 현재를 본다.
그래야 현재의 명백한 거대함을 볼 수 있다.
— 빅토르 위고 —

매일 밤하늘에 보는 달에도 바다가 있다는 사실을 아는가. 물로 채워진 실제 바다는 아니지만 엄연히 달에는 '고요의 바다'니 '풍요의 바다'니 20개가 넘는 지대가 존재한다. 표면에 물 한 방울 존재하지 않는 달이 이처럼 바다를 갖게 된 건 갈릴레오 갈릴레이 덕분이다.

1609년 어느 날, 이탈리아 파도바대학에서 종신교수로 있던 갈릴레이는 기존 제품을 개량해 6배 배율을 돈운 새로운 개념의 굴절망원경을 만든다. 망원경은 갈릴레이가 밤하늘에 영롱하게 빛나는 별들, 그중에서 특히 달을 관찰하는 데 꼭 필요한 도구였다. 그렇게 탄생한 굴절망원경은 당장 갈릴레이의 애착 장난감이 된다. 망원경으로 자택 옥상에서 매일 밤하늘을 올려다보는 일이 은밀한 취미가 된 것이다.

망원경으로 목성이나 금성 등 태양계 내 여러 항성을 관찰했지만, 갈릴레이의 첫 관찰 대상은 '달'이었다. 지상에서 맨눈으로도 보이는 달 표면의 얼룩덜룩한 음영이 관심을 끌어서다. 실지로 바다처럼 보이기도 했으니 거기에 지리적 판타지가 추가된 건 갈릴레이의 부지런한 관찰과 스케치 덕분이었다.

이후 갈릴레이는 목성의 달(위성)을 4개 발견하고 각각 이름을 붙여준다. 이처럼 갈릴레이가 부단히 망원경을 통해 하늘을 봤던 이유는 간단하다. 천체의 움직임을 관찰하고 하늘의 질서를 이해하는 것이 세상의 원리와 미래를 예측하는 지름길이어서다. 예나 지금이나 인간은 처절하게 미래를 알고 싶어한다.

망원경은 한마디로 신의 비밀 속으로 들어가는 일이었다. 그런데 망원경 제작에서 빠지지 않는 부품이 거울이다. 오늘날 우주로 시선을 돌린 천체망원경은 거울 수십 개를 이어 붙이는 방식으로 만든다.

일례로 거대마젤란망원경$^{GMT}$은 8.4미터짜리 거울판 7개를 붙인 지름 25.4m의 대형 거울을 장착하고 있다. 최근 지구인들에게 선명한 은하계 사진을 보내온 제임스웹우주망원경$^{JWST}$은 아예 거울을 지상에서 우주로 띄워 보냈다. 인간이 발을 디디는 땅에서 약 150만km 떨어진 우주에 지름 6.5m의 거울 18개를 펼치고 광학 영상을 포착한다.


## 거울을 읽는 지혜

큰 거울만큼이나 중요한 게 있다. 그 거울을 보고 분석하는 내 관점이다. 망원경 기술이 조야하고 천문학 지식이 부족해도 갈릴레이가 달의 표면을 입체적으로 볼 수 있었던 건 거울에 맺힌 상을 입체적으로 이해할 수 있는 심미안이 있어서다.

갈릴레이는 당시 이탈리아에서 막 꽃피던 원근법적 회화 기법을 알고 있었고, 이런 소양을 바탕으로 개량한 망원경이 포착한 달의 모습을 놓고 마음껏 상상의 나래를 펼칠 수 있었다. 그러한 상상력은 훗날 소련과 미국의 항공우주공학자들에게 20세기 내에 기필코 달에 유인 우주선을 보내겠다는 야망을 선사했다. 독창성에 관해 새로운 시각을 제시한 애덤 그랜트는 그의 저서《오리지널스》에서 갈릴레오 갈릴레이가 단지 망원경만 잘 만든 게 아니라 명암대조법Chiaroscuro이라는 회화 기법을 잘 알고 있었기 때문에 달을 관찰하고 상세한 달 표면 지도를 완성할 수 있었다고 주장한다. 갈릴레이는 달의 표면에 드리운 명암에 회화적 관점을 적용했고, 지구에서 볼 수 있을 법한 산과 바다가 있을 거라는 착상에 도달했다. 그랜트에 따르면, 갈릴레이는 물리학과 천문학에 관한 놀라운 전문성을 갖췄지만, 그와 동시에 회화와 스케치 같은 미술에 관해서도 남다른 전문성을 갖췄다는 것이다. 이는 당시 비슷한 수준의 망원경으로 천체를 관찰했던 여느 천문학자들도 도달할 수 없는 독특한 관점을 갈릴레이에게 주었던 특이점이다.

지구상에서 망원경으로 보는 천체는 모두 과거의 모습이라는 점이 흥미롭다. 밤하늘에 떠 있는 별들은 모두 과거의 모습이다. 달은 지구와 거리가 가까워 시차가 거의 나지 않지만, 지구에서 7억 7,800만km 떨어져 있는 목성만 해도 약 43분 16초 전의 모습을 보고 있는 셈이다.

태양계에서 광활한 우주로 눈을 돌리면 지구와의 시차는 급격히 커진다. 지구에서 가장 가까운 은하로 알려진 안드로메다는 250만 광년이 떨어져 있다. 그 말은 우리가 지구상에서 250만 년 전의 안드로메다를 보고 있다는 얘기다. 지금 안드로메다에 어떤 일이 일어났는지 모를 일이다. 그 일은 250만 광년이 지난 뒤에나 알게 될 것이다. 안드로메다의 미래는 우리에게 과거다. 이처럼 과거와 미래는 연결돼 있다.

갈릴레이의 망원경 개량은 인간의 천체 관측사를 한 단계 앞당긴 기념비적 사건으로 불러도 좋다. 갈릴레이의 달 관측과 그가

남긴 여러 스케치는 인류 문명사의 전망이자 천문학의 미래가
됐다.


## 우리나라의 미래

이제 부의 거울로 바라보는 우리나라 경제의 미래를 얘기해
보자. 1986~1988년 우리나라는 저금리와 저유가, 저달러라는 '3
저 현상'으로 연평균 12%라는 어마어마한 경제성장을 했다. 기업
은 미래를 낙관하고 은행에서 돈을 빌려 사업을 확장했다.

그런데 1990년대에 들어서며 생산력은 높아졌는데 수요가 공
급에 미치지 못하는 현상이 벌어졌다. 기업과 은행이 부실해졌고,
1997년 끝내 외환위기를 맞고 말았다. 당시 기업 부채가 GDP 대
비 107%에 이를 정도로 한국 경제는 엉망이었다. 지금은 어떤가.
2024년 2분기 GDP 대비 기업 부채 비율은 122.3%로 외환위기
이전보다 더 높아졌다.

문제는 가계 부채다. 2023년부터 이어진 고금리의 여파로 가계
부채가 조금 줄어들긴 했지만, 여전히 언제 터질지 모르는 시한
폭탄으로 간담을 서늘하게 하고 있다. 당장 문제가 안 될 수 있다
고 말하는 이들도 있지만, 난 생각이 다르다. 장기적으로 사회에
큰 부담으로 작용할 수 있다. 상당히 위험한 수준이다.

문제는 가계 부채가 늘어나면 국민의 소비력이 줄어든다는 점이다. 계속 금리가 고공행진을 하거나 경제성장이 제자리걸음이라면 가계 부담이 더 늘어나고 소비는 그만큼 더 위축되는 악순환이 이어진다. 상황이 이렇다 보니 정부는 시중에 돈을 풀려고 공공 분야의 지출을 계속 늘릴 수밖에 없다.

일본도 1990년대에 비슷한 과정을 겪었다. 가계와 기업의 소비가 위축되면서 정부가 지출을 늘렸다. 문제는 일본 정부가 그 돈을 생산적인 데 쓰지 못했다는 점이다. 결과적으로 경제도 살리지 못하고 정부 부채마저 2020년부터 GDP 대비 230%를 넘어섰다. 그런데 망해도 벌써 망했어야 할 일본이 여전히 건재하다.

일본 정부가 버틸 수 있었던 이유는 뭘까? 금리가 낮기 때문이다. 2015년 이후 일본 10년 국채수익률은 거의 0%대를 유지하고 있다. 또 일본 정부가 발행한 국채의 90% 이상을 자국민이 보유하고 있다는 점도 하나의 이유가 된다. 일본인들이 국채를 보유한 채 팔지 않아서 높은 정부 부채를 견디고 있는 셈이다.

일각에서는 우리나라도 일본식 장기 불황으로 가는 게 아니냐는 우려를 제기하고 있다. 그럴 가능성이 있을까? 우리나라와 일본의 차이는 딱 하나, 경제의 대외의존도다. 2023년 우리나라 GDP에서 재화와 용역을 포함한 총수출이 차지하는 비중이 40%였다. 이는 미국 11%, 일본 20%와 비교하면 매우 높은 수준이다.

일본이 1990년대 장기 불황에 빠졌을 때 GDP에서 수출이 차지하는 비율이 9%에 불과했다. 이렇다 보니 세계 경제가 어려우면 우리는 일본보다 더 어려워질 수 있다. 반대로 생각하면 세계 경제가 좋으면 우리나라는 일본식 불황으로 가지 않을 수도 있다는 뜻이 된다. 이게 미래의 거울을 통해 내다본 우리나라 경제다.

# 26

# 금융 민주주의가 오고 있다

• • •

자유는 알 권리와 알고자 하는 욕구를 지닌 국민 사이에
보편 지식 없이는 유지될 수 없다.

— 존 애덤스 —

'민중의 목소리가 신의 목소리Vox Populi, Vox Dei'라는 말이 있다. 이
말은 민중의 주장이 곧 신의 뜻이라는 의미를 담고 있다. 이 라틴
어 경구는 오늘날 민주주의의 중요한 원칙 중 하나로 꼽히는 민
의民意의 중요성을 강조한다.

이 말을 대학생일 때 사회과학책에서 처음 읽었다. 시간이 상
당히 흐른 뒤, 이 경구가 백성이나 신민臣民의 주장이 항상 옳지 않
으며, 때로 미치광이와 다름없음을 비판하려고 9세기 한 신학자
가 처음 썼다는 사실을 알게 됐다. 정말 아이러니한 일이다. 오늘

날 대중의 의견이야말로 신성불가침의 영역이며 대의가 민주주의 국가의 정치 이념이라는 의미로 언급되는 이 문구가 대중을 군주에 대적하는 우민愚民으로 몰았던 경구였다니 말이다.

시절이 하 수상해서인지 오늘날 대한민국의 상황을 보면 이 경구의 본래 의미가 새삼스럽게 느껴지기도 한다. 민중이 원하는 것이 과연 언제나 옳은 것일까? 국민이 뽑은 대통령이 언제나 민주주의 국가에서 최선의 인물일까?

전 세계로부터 '아파트 공화국'이라는 오명을 쓰고 사는 대한민국 국민의 한 사람으로서 코로나 팬데믹 기간에 천정부지로 오르는 부동산값을 잡는 데 실패했다는 이유로 정권을 갈아치우는 일련의 사태를 보면서 '민중의 목소리'란 때로 '탐욕'의 다른 이름이 아닐까 싶다. '벼락거지'라는 자조 섞인 농담 속에 전국 부동산값은 내려도 내가 산 아파트값만큼은 오르기를 5,000만 모든 국민이 원하고 바랐던 걸 나 역시 잘 알고 있기 때문이다.

이런 얘기를 하다 보면 가만히 듣고 있던 아들은 언제나 돈 얘기에 왜 정치를 섞느냐며 반문한다. 그런데 돈 얘기는 곧 정치 얘기다. 정치를 빼놓고 돈을 말할 수 없다. 반대로 돈을 빼놓고 정치를 말할 수도 없다. 이를 가장 날카롭게 이해한 사람이 카를 마르크스다. 모든 권력에는 경제라는 두 글자가 똬리를 틀고 있다는 사실 말이다.

난 경제학자니까 매 학기 수업 시간에 마르크스를 가르치지만,

정작 '민중의 목소리가 신의 목소리'라는 경구는 정치판에서 쓰는 것보다 더 자주 경제학자들의 논의 속에서 운위된다. 이번 절에서는 그 이야기를 하려고 한다.

## 여기서 자본주의란?

경제적 자유를 꿈꾸는 우리에게 자본주의는 축복과 같다. 여기서 잠깐, 자본주의란 게 뭘까? 자본주의의 가장 중요한 특징은 '사유재산'을 인정하는 것이다. 자본, 즉 돈은 누구든지 사유화할 수 있다. 오늘날 사유재산이 너무 당연한 시대에 살고 있어 누구도 그 권리를 대수롭지 않게 여긴다.

공산주의와 사회주의 국가는 사유재산을 인정하지 않는다. 당장 우리와 휴전선을 맞대고 있는 북한을 보더라도 모든 국토와 재산, 그로 인해 발생하는 산물은 죄다 국가 소유다. 여기에 개인이 설 자리는 없다. 국가가 개인을 집어삼킨 체제로, 위대한 경제학자 프리드리히 하이에크는 이를 가리켜 '노예의 길The Road to Serfdom'이라 명했다. 각 개인은 당과 국가를 위해 복무하는 노예로 전락하며, 이 과정에서 사유재산은 부정된다.

사유재산은 자본주의를 말할 때 꼭 언급해야 할 권리다. 사유재산을 궁리한 대표적 인물로는 존 로크를 빼놓을 수 없다. 로크

는 인간이 다른 사람의 허락이나 동의를 받지 않고, 자유롭고 동
등하게 재산을 취득하고 소유할 수 있는 권리를 상정했다. 심지
어 길을 가다가 주운 물건도 합법적으로 사유재산이 될 수 있다
고 말한다.

우리는 모두 유일하고 전능하고 자비로운 창조주의 피조물이며,
자연법이 부여하는 모든 권리와 특전을 무제한적으로 향유할 자
격이 있다. 인간은 자신의 소유물, 즉 생명·자유·재산을 다른 사
람의 위해와 공격으로부터 보호할 천부적인 권력을 가지며, 나아
가 다른 사람이 그 법을 침해했을 경우 판결하고 징벌하는 권력도
가진다.

자본주의의 두 번째 특징은 '시장'이 전제된다는 것이다. 시장
에 각 경제 주체가 참여해 재화와 서비스를 생산하고 소비하는
행위를 통해 자본의 흐름을 만든다. 개인은 자유로운 경쟁을 통
해 원하는 대로 돈을 축적할 수 있다. 국가는 국민이 자유롭게 경
제 활동을 할 수 있도록 정책을 정비하고 규제를 해소해야 한다.

'자유 시장'은 자본주의가 낳은 황금알이다. 정부가 굳이 자본
주의의 배를 갈라 섣부르게 금을 얻으려고 하지 말고 자유 시장
이라는 황금알을 계속 낳도록 제때 사료만 잘 챙겨주면 된다. 사
회주의에서는 시장이 있을 수 없다. 그래서 20세기 후반, 중국이

도입한 '사회주의 시장경제'라는 말은 '동그란 네모'라는 말처럼 이율배반적인 개념이다.

자본주의의 세 번째 특징은 '경쟁'이 요구된다는 점이다. 경쟁은 시장이 지속하는 데 필수적인 연료다. 《국부론》을 쓴 애덤 스미스는 시장의 작동을 인간의 인위적인 행위가 아닌 '보이지 않는 손'의 움직임으로 봤다.

무엇보다 애덤 스미스가 전제한 '경제적 인간Homo economicus'은 앞서 2장에서 말했던 것처럼 이기적 존재다. "우리가 빵을 먹을 수 있는 건 빵집 주인의 이타심이 아니라 그의 이기심 덕택이다." 애덤 스미스는 인간이 경쟁을 통해 돈을 축적하려는 욕망을 지극히 자연스러운 것으로 봤다.

이윤은 늘 좋은 것이다. 이윤을 남기는 건 자본주의 사회에서 개인과 회사 모두 갖는 당연한 권리다. 그런 의미에서 '민중의 목소리'는 이기심이다.

역사적으로 자본주의는 민주주의 국가에서 빛을 발했다. 정치적 자유는 경제적 자유와 밀접하게 연결되기 때문이다. 민주주의를 통한 정치적 안정은 기업과 투자자가 장기적인 경제 계획을 세우고 투자할 수 있게 한다.

민주주의 국가는 법치주의가 확립돼 있어 개인의 사유재산권을 보호한다. 민주주의는 다양한 아이디어와 혁신을 일으키고 자유로운 경쟁을 일으켜 부의 축적을 낳는다.

무엇보다 민주주의는 자유 시장과 경쟁 체제를 인정한다. 사회주의 국가에서 자본주의를 일으키지 못한 이유는 자유 시장이 용인되지 않기 때문이다. 북한도 스스로를 '조선민주주의인민공화국'이라고 주장하지만, 허울 좋은 구호에 불과하다. 북한에는 시장과 경쟁이 존재하지 않는다.

## 금융 민주주의를 위하여

모든 제도에는 빛과 그림자가 있다. 자본주의 역시 장점만 있는 건 아니다. 자본주의의 대표적인 문제점으로 소득 불평등을 지적한다. 부유한 사람은 더 많은 자산을 축적하고, 가난한 사람은 경제적 어려움에서 벗어나기 어려운 구조적 문제가 발생한다.

부유한 가정의 자녀는 그렇지 못한 자녀보다 더 나은 교육 기회를 얻으므로 부의 세습이 이뤄지면서 애초에 시장에서 공정한 경쟁이 불가능하다. 나보다 50m 앞서 출발한 금수저를 어떻게 따라잡을 수 있겠는가. 빈익빈 부익부의 소득 양극화는 당장 사회적 긴장과 불만을 불러일으킬 수 있다.

역설적으로 이런 양극화를 가장 심각하게 겪는 나라가 사회주의 국가 중국이다. 덩샤오핑은 흑묘백묘론을 내세우며 개혁 개방의 길을 택했다. 덩샤오핑은 "창문을 열어두면 신선한 공기도 들어오지만 때로 거추장스러운 파리도 들어온다"며 사회주의와 시장주의의 모순을 인정하는 모습을 보였다.

개방을 택한 중국 사회가 경제적 간극이 예상외로 깊어지자, 시진핑은 뒤늦게 '공동부유共同富裕'를 내세웠지만 중국의 운명은 자명해 보인다. 이는 중국뿐 아니라 비슷한 역사적 과정을 뒤따르는 베트남과 캄보디아, 라오스 등 동남아시아 내 사회주의 국가들이 공통으로 겪는 모순이다.

이런 한계를 극복할 방법이 있다. '금융 민주주의Financial Democracy'를 실천하는 것이다. 자본주의의 문제점을 민주주의로 극복하는 것이다. 2013년 노벨경제학상을 받은 로버트 쉴러가 주창한 금융 민주주의는 소득 양극화를 극복하고 모두가 잘살 방법을 민주주의에서 찾자는 것이다. 쉴러 교수는 금융 민주주의를 여러 관점에서 설명했는데, 그중에서 굵직한 다섯 가지를 살펴보자.

첫째, 포괄적이고 평등한 금융 접근성이다. 모든 사람이 금융·대출·투자·정보 등 금융 서비스에 쉽게 접근할 수 있어야 한다는 것이다.

둘째, 모두 금융 관련 정보에 접근하려면 동일한 금융 교육의 기회를 얻어야 한다. 금융 민주주의는 시민들이 자신의 재정을 효율적으로 관리하고, 금융 상품과 서비스를 쉽게 이해하며, 합리적인 금융 결정을 내릴 수 있도록 교육받을 권리를 주장한다.

셋째, 금융 시장과 금융 상품의 정보는 누구에게나 투명하게 공개돼야 한다. 누구도 정보 불균형이라는 기울어진 운동장에 놓여선 안 된다. 소비자가 금융 상품을 이해하고 비교할 수 있도록 정부와 금융권은 명확하고 투명한 정보를 제공해야 한다. 이는 투자를 통한 부의 양극화뿐 아니라 금융 사기와 부적절한 금융 관행을 줄이는 데 도움이 된다.

넷째, 금융 시스템은 공정하게 운영해야 하며, 이를 위해 강력한 규제와 소비자 보호 장치가 필요하다. 금융 기관은 책임감 있게 운영해야 하며, 소비자들의 권리를 보호하는 법적 장치가 필요하다.

다섯째, 혁신과 기술 활용이다. 금융 민주주의는 기술 혁신을 통해 금융 서비스의 접근성을 높인다. 핀테크 기술, 모바일 뱅킹, 온라인 투자 플랫폼, 키오스크 등을 일상에서 자유롭게 이용할 수 있도록 모두가 교육받아야 한다.

이 중에서 금융 교육의 기회가 내 지적 관심을 끌었다. 유튜브 〈김영익의 경제스쿨〉을 운영하는 이유도 여기에 있다. 1929년 미국 주식 시장의 거품 붕괴는 경제적으로 대공황을 초래했으며, 사회적으로 극심한 인종차별주의와 국수주의를 불러일으켰다. 이런 경제 붕괴는 2008년 반복됐다. 주식과 주택 시장의 거품이 꺼지면서 세계 경제가 극심한 침체에 빠졌다.

그러나 다른 측면에서 거품 붕괴는 각종 제도를 정비하는 등 금융 질서를 강화하는 기회를 줬고, 장기적으로 보면 금융 산업이 성장하는 데 크게 기여했다. 거품이 꺼진 후 경제 구조가 재편되면서 저소득층과 서민에게 새로운 기회가 되기도 했다. 금융이란 잘만 활용하면 모든 사람을 부자로 만들어줄 수 있는 수단이다.

투자란 위험(리스크)과 수익률(리턴)의 적절한 조합이라 생각한다. 경기 국면에 따라 때로는 위험을 더 관리해야 하고 때로는 수익률을 더 추구해야 한다. 우리가 미래를 위해 투자할 수 있는 자산은 부동산, 채권, 주식 등이 있다. 은행 예금도 있다. 경제에 낀 거품을 최대한 비켜가면서 자산을 최대로 늘려야 한다. 동시에 경제적 해자를 만들어 자산을 최대로 잠그고 보호해야 한다. 워런 버핏의 말처럼 돈을 잃지 말아야 한다.

우리나라의 잠재 경제성장률을 고려할 때 중장기적으로 금리는 떨어진다. 일부 자산은 채권에 투자해도 된다는 뜻이다. 더 중요한 건 주식이다. 주식 시장에서 거품이 조금씩 해소되는 게 보인다. 거품 붕괴 후 주식 가격은 다시 장기 추세를 따라 상승할 것이다. 이 시기를 잘 활용하면 모두가 금융으로 부자가 되는 금융 민주주의를 달성할 수 있다.

세상에 부자는 많다. 난 금융회사에 오래 근무하면서 큰 부자들도 많이 만났다. 돈 많은 부모를 만나서, 좋은 가정 환경에서 자라서, 능력 있는 배우자를 만나서, 운 좋게 사업에 성공해서, 창조적 아이디어를 현실화해서 등 이런저런 이유로 부자가 된다. 일일이 만나서 얘기를 들어보면 이유도 다양하고 상황도 천차만별이다. 그러나 내가 경제적으로 넉넉하지 않다면 그 모든 게 쓸모 없다. 옆집 부자가 주식으로 1,000억 원을 굴린들 당장 내게 1억 원이 없다면 무슨 소용인가.

복잡한 경제 이론과 개념을 모두가 알기 쉽게 설명해 원하는 사람이면 누구나 건전하고 스마트한 경제 활동으로 경제적 자유를 누리는 데 도움이 됐으면 하는 게 내 마음이다. 이 책을 쓰는 이유도 여기에 있다. 금융 민주주의를 위하여!

# 27

# 때를 따라 맺는 열매처럼

· · ·

하루하루를 당신이 거둔 결실로 판단하지 말고
당신이 심은 씨앗으로 판단하라.

— 로버트 루이스 스티븐슨 —

난 농업고등학교를 1년 반 다니면서 농사짓는 법을 배웠다. 나이가 들어서 뿌린 대로 거둔다는 만고불변의 법칙을 온몸으로 체득했다. 콩 심은 데 콩 나고 팥 심은 데 팥 난다. 뿌린 대로 거두고 기다리지 못하면 거둘 수 없다.

요즘 귀농하는 사람들이 많은데, 시골에 내려가 처음 농사짓는 이들이 애먹는 것 중 하나가 씨앗을 언제 뿌릴지다. 나도 파종 시기가 되게 궁금했다. 그래서 동네 어르신에게 여쭈었다. 그리고 그 답을 얻었다. 씨앗은 '때가 되면' 뿌리는 것이다. 뭔가 대단한 비법을 귀동냥하려던 내게 싱거운 답변임이 틀림없으나 반박할 수 없는 진리였다.

씨는 때가 되면 뿌린다. 때보다 앞서도 안 되고 때보다 늦어도 안 된다. 정해진 수학 공식처럼 몇 월 며칠에 씨를 뿌렸다가는 대번 그해 농사를 망치기 십상이다. 계절의 변화가 다르고 지역의 풍토가 다르고 작물의 특성이 모두 달라서다. 그래서 신토불이라는 말이 나왔나 보다. 땅을 갈고 흙을 밟으며 사는 농부는 누가 가르쳐주지 않아도 계절의 변화에 맞춰, 지역의 풍토에 맞춰 씨를 뿌린다.

성서는 믿음을 '씨앗'에, 희생을 '밀알'에 빗댔다. 성서에서 예수는 마지막 추수 때 가라지에서 '알곡'을 가려내는 것에 종말을 비유했다.

평생의 수고와 노력을 쏟아부은 우리 인생의 투자도 30배, 60배, 100배 열매를 맺는다면 얼마나 좋을까?


## 투자, 기다림의 미학

어떤 일을 하든 그 분야에서 성공하는 길은 농사와도 같다. 벼는 농부의 발소리를 듣고 자란다고 하던가. 허리를 구부려 밭을 갈고 눈물을 흘리며 씨를 뿌리고 뙤약볕에서 김을 매고 잊지 않고 제때 물을 줘야 한다. 무엇보다 농사꾼이라면 때를 앞서 결실을 따려는 욕심을 부려서는 안 된다.

농사는 당장 결과를 기대할 수 없는 활동이다. 개인적으로 과수원에서 포도 농사를 하는 사람을 알고 있다. 가만히 보면, 누가 시키지도 않았는데 비가 오나 눈이 오나 비료 주고 가지치기를 하고 일일이 봉투 씌우고 약 뿌리고 한다. 옆에서 너무 고생하는 걸 봐서 그런지 가을철에 포도 한 박스를 보내올 때면 공짜로 먹기 황송할 때가 많다.

투자도 농사와 똑같다. 씨를 뿌리고, 잡초를 관리하며, 수확할 때까지 기다려야 하듯 투자도 장기적인 계획과 꾸준한 노력이 필요하다. 그렇게 하고도 성과가 있기까지 오랜 시간이 걸릴 수 있다.

잡초를 제거하고 비료를 주는 등 가을의 수확을 기대하며 놀리는 모든 손길이 자기 계발을 하는 과정이다. 조금이라도 소홀하면 병충해를 입거나 잡초에 짓눌리는 것처럼 자기 계발 없이는 달콤하고 튼실한 성공의 열매를 거둘 수 없다.

자기 계발은 농사에서 화학비료를 쓰듯 나무가 처음 싹수가 있다고 해서 모두 좋은 묘목이 되지 않는 것처럼, 못생긴 나무가 자라 큰 고목이 되는 이치와 같다. 자기 계발은 지적인 것일 수도, 신체를 단련하는 것일 수도 있다.

오늘날 도시 문화는 무엇이든 즉각적인 결과를 산출하는 방식을 선호한다. 만족도, 성장도 당장 결론이 나야 한다. 3분 내 끝내는 게임과 동영상, 쇼츠에 익숙해지다 보니 상영 시간이 2시간 넘어가는 영화조차 진득하게 앉아서 시청할 인내심이 없다.

이와 관련해 스탠퍼드대학 애나 렘키 박사의 책《도파미네이션》을 읽은 적이 있다. 현대인들이 도파민 중독으로 뇌를 길들여서라는 것이다.

생활 전반의 일이나 놀이에서 단기간 성과든 실패든 결과가 나오지 않으면 현대인은 불안해진다. 상황이 이렇다 보니 대인 관계, 어학 공부, 지적인 자기 계발 등 집중해서 시간을 꾸준히 투여해야 하는 과제는 뒷전으로 밀려나기 일쑤다.

지적인 자기 계발 중 독서는 투자자에게 가장 중요하다. 독서는 중요한 부의 거울이다. 난 바쁜 와중에도 한 달에 최소한 4권 정도는 읽으려고 한다. 틈나는 대로 국내외에서 나오는 주요 연구 자료를 찾아 읽는다. 영국 일간지 〈파이낸셜 타임스〉와 경제·경영 주간지 〈이코노미스트〉는 오랜 친구다. 이 자료를 통해 뉴욕·런던·상하이에 가지 않고도 세계 경제나 금융 시장이 어떻게 돌아가는지 알 수 있다.

IMF 등을 통해 깊이 있는 자료를 읽는 것도 발전에 크게 도움이 되고 있다. 지난 몇 년 동안 내 주가 전망이 비교적 정확했던 것도 이 덕분이라 해도 과언이 아닐 것이다.

투자의 핵심은 기다림의 미학을 발휘하는 것이고, 독서는 그 기다림의 동반자다.

## 계절은 다시 돌아오지만

요즘도 주말이면 강화도에서 농사를 짓는다. 땅은 정직하다. 정말이지 뿌린 만큼 준다. 때로는 올해 하늘이 날 어여삐 여겨 작년보다 많은 감자와 참외가 주렁주렁 달리게 해줄 거라는 요행을 바라지만, 지나고 보면 농사에서 그런 욕심꾸러기 같은 심보는 통하지 않는다. 그래서 농부는 늘 겸손하다. 겸손할 수밖에 없다.

가끔 아내는 해도 해도 끝이 없는 농사일에 치여 어느새 입이 댓 발이나 나온다. 그럼에도 농사가 재미있는 건 내 노력을 알아주고 제때 보상을 안겨준다는 점이다. 별스럽지 않은 땅에서도 물 주고 잡초를 뽑아주면 어느새 탐스러운 고추가 한아름 달리는 걸 보면 신기하다.

농사는 나만 잘해서 할 수 있는 게 아니다. 재작년까지 잘만 열리던 참외가 작년에 망치더니 올해도 작황이 좋지 않다. 전문 농사꾼이 아니다 보니 비료도 바꿔보고 수확 시기도 늦춰보고 할 수 있는 선에서 변화를 줬지만, 좀처럼 형편이 나아지지 않았다. 왜 그럴까? 최근에야 그 이유를 알게 됐다. 꿀벌이었다. 이유를 알 수 없는 개체수 감소로 벌들의 활동이 급감하면서 적절한 시기에 수분이 되지 않았다. 이상기후의 폐해를 내 텃밭에서 경험할 줄이야. 내년에는 어쩌면 양봉도 해야 할지 모른다.

이처럼 농사를 통해 세상의 이치를 배운다. 농사를 지어보니 정말 쉽지 않다는 걸 절감한다. 요즘 들어 농부의 수고를 모른 채 그간 농산물을 먹어왔던 게 못내 부끄러워진다. 내 입으로 들어가는 쌀 한 톨이 농부가 흘린 땀방울이었다는 걸 왜 이렇게 늦게 알았을까? 시골에서 자랐다지만 농사를 모르고 살았던 셈이다.

그래서 주변 농부들이 뭘 하는지 가만히 관찰한다. 그 농부들이 밭에 씨를 뿌릴 때 나도 같이 씨를 뿌리고, 물을 줄 때 나도 물을 준다. 농사에서는 대학교수인 나보다 옆에서 대파 농사를 짓는 김 씨 할아버지가 훨씬 고수다. 할아버지가 내 스승이다.

모든 게 그렇겠지만 투자는 농사를 닮았다. 농사에 완벽이 없듯 나 역시 늘 경제 상황을 들여다보고 끊임없이 공부해야 한다. 공부에는 끝이 없다. 지금쯤이면 이골이 날 법도 한데 어제의 지식으로 오늘의 경제 상황을 분석하는 놀부가 되지 않으려고 오늘도 연구실의 불을 밤늦도록 밝힌다.

난 '누구나 부자 되는 ○○가지 방법'이나 '나는 ○○으로 수십억을 벌었다'와 같이 유튜브나 서점 가판대를 점령한 현란한 수사에 동요하지 않는다. 어제 내가 돈을 벌었다고 돈의 모든 이치를 깨달았다는 만용을 멀리하기 때문이다. 그냥 어제처럼 오늘도 열심히 씨를 뿌리고 물을 주고 부지런히 가꿀 뿐이다. 나머지는 땅이 알아서 열매로 돌려준다.

절기는 괜히 있는 게 아니다. 오랜 경험을 토대로 만들어진 농사의 로드맵이다. 거시경제에서 말하는 여러 이론과 사이클 역시 이런 절기와 같다. 모든 것에는 사이클이 있다. 지혜의 왕 솔로몬은 "범사에 기한이 있고 천하 만사가 다 때가 있나니 날 때가 있고 죽을 때가 있으며 심을 때가 있고 심은 것을 뽑을 때가 있으며"(〈전도서〉 3장 1~2절)라고 했다.

홍수나 가뭄을 예상해 우물을 파고 둑을 막아 대비를 하듯 투자 역시 최악의 시나리오를 상정하고 달걀을 바구니에 담듯 안전하게 배분해 투자해야 한다. 그렇게 땀으로 거둔 열매는 저마다 차익 실현, 목표한 금액, 성공으로 돌아올 것이다. 제때 거두지 않으면 썩어버린다. 때를 대비하라. 어떻게 전망하고 준비할 수 있을까? 나는 오늘도 밭에 나가며 땅에서 투자의 지혜를 구한다.

# 28
# 주식 시장에 영원한 예언자는 없다

금융 시장은 일반적으로 예측 불가능하다.
그래서 늘 서로 다른 시나리오가 있어야 한다.

— 조지 소로스 —

고대 바빌로니아에는 조금 기이하기까지 한 의례가 있었다. 풍년을 비는 기우제는 예나 지금이나 매우 중요한 국가 행사다. 고대 바빌로니아 사람들은 아키투 축제에서 강우를 바라는 천제를 지냈다. 아키투 축제는 매해 4월 초 태양신인 마르두크

(벨, 마르둑)가 죽음(겨울)을 극복하고 활력(봄)을 되찾는 부활을 기념하는 행사였다.

이 축제는 12일간 했는데, 닷새째 되는 날 특별한 행사가 벌어졌다. 바빌로니아 왕이 에사길라Esagila 신전에 사제를 대동하고 들어가면 사제가 신전 안에서 왕의 옷을 거칠게 벗겼다. 왕을 무릎 꿇린 채 사제는 지난해 지은 죄에 대한 용서를 구하도록 왕을 심하게 다그쳤다.

이때 사제는 왕의 뺨을 사정없이 후려쳤는데, 애교로 봐주듯이 치는 게 아니라 닭똥 같은 눈물이 뚝뚝 떨어질 때까지 인정사정없이 뺨을 갈겼다고 한다. 왕은 체면 불고하고 울면서 마르두크 앞에 통렬한 반성과 사죄를 해야 했다. 사제가 따귀를 때렸는데도 만에 하나 왕의 눈가에 눈물이 흐르지 않는다면 눈물이 나올 때까지 맞아야 했다.

아키투 축제는 어쩌면 고대 기우제의 형식을 띤 행사였다고 할 수 있다. 투자학이나 성공학 강사들이 종종 인용하는 내용인데, 인디언의 기우제는 100% 비를 불러온다는 말이 있다. 인디언 부족은 비가 올 때까지 기우제를 하기 때문이란다.

이 축제를 떠올릴 때마다 애널리스트의 운명을 느낀다. 애널리스트의 신탁은 맞으면 술이 석 잔이지만 틀리면 뺨이 석 대다. 내가 낸 보고서가 시장을 정확히 맞혔을 때는 천하를 다 바칠 것처럼 떠우다가도 조금이라도 예측이 빗나갈 때는 "너 때문에 피 같은 내 돈을 잃었다"라는 저주의 전화를 사방에서 받아야 한다. 왕이라면 왕관의 무게를 견뎌야 하듯 애널리스트라면 이런 저주 같은 숙명을 감수해야 한다.

그래서 경제학자이자 하버드대학 교수였던 존 케네스 갤브레이스는 "미래를 예측하는 사람에는 두 종류가 있다. 아무것도 모르는 사람과 자신이 아무것도 모른다는 사실을 모르는 사람"이라고 일갈했나 보다. 그만큼 경제를 예측하는 건 무모할 정도로 어려운 일이라는 뜻이다.

내게 한때 '닥터 둠'이라는 별명이 따라다닌 기억이 있다. 들을 때마다 그리 유쾌하진 않다. 2000년대 그런 얄궂은 닉네임을 얻은 이유는 두 가지가 있을 것이다. 하나는 2008년 미국의 금융위기, 2020년 극심한 경기 침체, 2021년 하반기 이후 주가 급락을 미리 전망해서고, 또 하나는 그런 예측이 맞아떨어져 내 인상이 대중에게 매우 선명하게 각인돼서다.

## 블랙 스완을 대비하라

2022년 코로나19가 한창일 때 전문가 몇 분과 함께 《더 위험한 미래가 온다》를 공동 출간했다. 이 책에서 아직 위기는 오지도 않았고 앞으로 경험하지 못한 경제 위기가 닥칠 거라고 예측했

다. 대중은 닥터 둠이 또 입을 열었다고 볼멘소리했지만 내 전망
은 안타깝게도 그대로 들어맞았다.

그동안 우리나라를 비롯해 각국의 중앙은행은 경기가 나빠질
걸 알고도 물가를 잡으려고 금리를 지속적으로 올렸다. 그럼에도
정부는 물가를 제대로 잡지 못했고, 이로 인해 소비와 투자 심리
가 얼어붙으며 자영업자와 영세한 소상공인은 파산으로 내몰렸
다. 금리 상승과 경기 둔화로 주식 시장의 거품이 붕괴됐고, 금리
를 견디지 못한 영끌족으로 인해 부동산 거품도 꺼지고 있다. 요
즘 사람들을 붙잡고 물어보면 "지금이 코로나19 때보다 더 힘들
다"라고 이구동성으로 말한다.

더 무서운 건 이런 예측과 전망에도 들어 있지 않은 리스크다.
'블랙 스완'의 출현이다. 18세기 유럽의 조류학자들이 오스트레
일리아에서 검은 백조(이 말도 언어도단이다!)를 발견하기 전까지 사
람들은 지구상에 모든 백조가 이름처럼 하얀색이라고 믿었다. 그
런데 검은색 백조가 등장한 것이다.

그렇게 단 한 마리의 검은색 백조의 등장으로 이전까지 모든
상식과 기준은 산산조각이 나고 말았다. 경제학자인 나심 탈레브
는 이를 두고 '블랙 스완Black Swan'이라고 불렀다. 그는 세상에서
가장 똑똑하고 잘났다는 모든 경제학자의 예측에서 벗어난, 비상
식적인 사건이 일어날 수 있다며 이에 대비해야 한다고 조언한
다. 나심 탈레브는《블랙 스완》에서 블랙 스완의 세 가지 특징을

언급한다.

첫째, 블랙 스완은 일종의 극단값이므로 통계학이나 경제지표로 도출할 수 없다. 전에 없던 초유의 사건이므로 전혀 예측할 수도 없다. 9·11 테러나 코로나19를 떠올리면 이해하기 쉬울 것이다. 세상에 그 어떤 경제학자나 투자 전문가가 알카에다 대원들이 민간 여객기를 공중 납치한 뒤 미국 한복판에서 끔찍한 테러를 저지를 거라고 예측했겠는가.

비록 내가 2001년 9월 전후로 주가 폭락을 예고했지만, 그렇다고 테러 가능성을 예측했던 건 아니다. 그런 점에서 블랙 스완은 아예 예측 불가능하다. 부의 거울에도 잡히지 않는 위기다.

둘째, 블랙 스완은 상상할 수 없는 수준의 파괴력을 지닌다. 예측에서 벗어난 사건이므로 경제와 사회 전반에 지울 수 없는 충격을 안겨준다. 9·11로 전 세계는 어마어마한 수업료를 내야 했다. 미국은 2003년까지 5,000억 달러(한화 약 600조 원)의 경제적 피해를 봤다. 우리나라의 1년 GDP를 웃도는 액수다.

코로나 팬데믹은 전에 없던 대대적인 경제 봉쇄를 불러왔고, 아직도 전 세계가 그 여파에서 완전히 벗어나지 못하고 있다. 한 연구에 따르면, 코로나19로 전 세계가 2024년까지 약 14조 달러의 경제적 손실을 입게 될 것으로 추산한다. 한 마리의 블랙 스완이 가져온 파괴력은 상상을 초월한다.

셋째, 한 번 출몰한 블랙 스완은 곧바로 색을 잃고 기존의 백조로 돌변한다. 인간은 본능적으로 모든 것을 설명하고 예측하려고 한다. 이성적으로 설명되지 않는 상황을 견디지 못한다. 그래서 블랙 스완이 한 마리 등장하면 어김없이 이를 구조화하고 이론과 규칙을 만들어 예측 가능한 사건으로 바꿔놓는다.

모든 결과는 원인이 있다. 그 원인은 또 다른 원인에 의한 결과인 셈이다. 이렇게 소급해서 올라가다 보면 결국 블랙 스완이 출현하게 된 근본 원인을 마주하게 된다. 그 순간 블랙 스완은 예측 불가능한 사건에서 예측 가능한 사건, 최소한 설명 가능한 사건으로 둔갑한다.

요즘 챗GPT가 화제다. 모든 기계와 시스템에 인공지능이 접목되고 있다. 그러다 보니 투자 예측에도 이런 기술이 응용되고, 내게도 인공지능의 유용성에 관한 질문을 던지는 사람들이 있다. 물론 챗GPT로 예측 모델을 만들 수 있다. 현재 활용하는 일간 예측 모델도 인공지능을 이용한 시스템이다.

그런데 블랙 스완이 닥치면 모든 게 붕괴한다. 아무리 과거의 사례를 이용해 세밀하고 완벽한 구조를 얻어도 시장에 한 번의 큰 구조 변화가 오면 모든 게 무너진다. 그래서 모델이 내놓는 예측은 '지금까지는 맞는 이야기입니다'라는 전제를 깔고 있다고 보면 된다. 구조 변화를 감지하면 예측 모델을 다시 수정하는 것, 이게 내가 매일 아침 하는 일이다.

결국 극단값으로 존재하는 블랙 스완을 어떻게 예측할 수 있을까? 결론부터 말하면 불가능하다. 주식 시장에 영원한 예언자는 없다. 오로지 모든 가능성을 열어두고 최악의 시나리오가 펼쳐졌을 때를 대비하는 수밖에 없다.

나심 탈레브는 대비 전략으로 '바벨 전략Barbell strategy'을 제시한다. 일단 내 예측이 틀릴 것을 예상하고 주식 시장에서 벌어질 양극단에 모두 투자하자는 전략이다. 생김새가 바벨 모양을 닮았다고 붙여진 이름이다. 중간을 버리고 일어날 가능성이 높은 시나리오와 일어날 가능성이 거의 없는 시나리오처럼 양극단이 불룩 튀어나온 투자 포트폴리오를 수립하는 것이다. 미국 대통령 선거에서 누가 대통령으로 당선될지 예측할 수 없을 만큼 판세가 박빙일 때 공화당 후보와 민주당 후보 모두에게 정치 후원금을 투자하는 것과 같다.

오늘날에는 거의 상식처럼 돼버린 이런 극단적 투자 전략은 나심 탈레브가《안티프래질》에서 제시했다. 투자에서 항상 블랙 스완을 염두에 두자는 것이다. 그래야 '깨지지 않는(안티프래질)' 투자자가 될 수 있다.

바벨 전략에 따라 아주 안전한 금융 상품에 90%를, 매우 위험한 상품에 나머지 10%를 투자한다. 도저히 일어나지 않을 것 같은 시나리오에 투자한 돈은 버리는 셈 치고 예측 가능한 투자에 집중한다. 그렇다고 희박한 가능성을 무시해선 안 된다. 미래를 보여주는 부의 거울은 희미한 그림자일 수 있다.

## 선견과 뒷궁리

난 경제학을 공부하는 아들에게 '선견Foresight'과 '뒷궁리 Hindsight'를 구분하라고 한다. 선견은 선견지명이다. 선견은 어떤 일이 벌어지기 전에 예측하는 것이다. 어떤 의미에서 선견은 뛰어난 예언자의 몫이다. 신탁을 받아 시대의 흐름을 천기누설하는 건 예언자의 전형적인 레퍼토리다.

스트래티지스트인 나 역시 선견의 관점에 서 있으려고 노력한다. 모든 예측이 맞는 건 아니지만 상당 부분 내 선견은 아직 녹슬지 않은 것 같다. 부의 거울을 매일 닦으면서 꾸준히 들여다보고 있는 덕분이다.

뒷궁리는 일이 벌어진 다음에 그 의미를 추적하는 작업을 말한다. 뒷궁리는 일단 벌어진 일이 어떤 경로를 통해 발생했는지 추적하는 것이다. 어떤 의미에서 뒷궁리는 예언자가 아닌 학자나 분석가의 몫이다. 경제 법칙 중 상당수는 선견이 아니라 해당 사건이 터지고 난 다음 이를 수습하면서 정리된 것들에 불과하다.

선견은 틀릴 수 있지만 모든 뒷궁리는 틀릴 수 없다. 다 말이 되도록 퍼즐을 짜맞춘 설명이니 말이다. 비유하면 2루로 도루를 감행하다가 견제구로 아웃된 선수에게 해설진이 "이번에 무리하게 뛰지 않았으면 다음 타자가 2루타를 칠 때 홈으로 들어올 수 있었는데 성급했다"고 말하는 것과 같다. 이처럼 결과론으로 무장하면 그 어떤 문제나 상황도 쉽게 정리할 수 있다.

　문제는 내가 지금 선견을 하는지 뒷궁리를 하는지 구별할 수 있는 안목이 있느냐다. 전문가들은 1970년대 당시 혁신적이었던 폴라로이드의 주가가 100달러 밑으로는 떨어지지 않을 거라고 확신했다. 대부분 분석가 역시 주가가 떨어질 만큼 떨어졌다고, 지금이 바닥권이고 매수해야 할 시기라고 거들었다. 그러나 폴라로이드는 그 바닥을 뚫더니 1970년대 말 19달러까지 추락했다.

　선견지명을 갖고 주식 시장을 예측할 수 있다고 믿는 게 얼마나 무서운 착오인지, 투자에서 얼마나 끔찍한 결과를 가져오는지 알아야 한다. 전 세계에서 날고 긴다는 전문가와 첨단 슈퍼컴퓨터로 무장한 애널리스트가 즐비한 미국의 월가도 2008년 리먼 브라더스 사태를 정확하게 예측하는 데 실패했다.

　주식 시장에는 항상 주가의 오르내림을 통한 변동성이 도사리고 있다. 비근한 예로 코로나19와 러시아-우크라이나 전쟁을 들어보자. 누가 중국 우한의 어느 시장에서 전 세계를 2년 넘게 마비시킬 지독한 바이러스가 출현할 거라고 예상이나 할 수 있었겠는가. 더불어 푸틴이 우크라이나에 탱크를 진격시킬 거라고 누가 상상했겠는가. 하마스가 미사일 수천 발을 이스라엘 북부에 쏟아부으며 전쟁을 개시할 거라고 예측한 사람이 전 세계 몇 명이나 있었겠는가. 이처럼 세계 각국의 정치 상황과 유가, 환율, 금융 정책, 조세 같은 이슈가 시장에 변동성을 일으키는 원인이 돼왔다.

변동성은 언제든지 내가 가진 주식이 하루아침에 휴지 조각이 될 수 있다는 가능성을 보여준다. 파동 이론부터 프랙털 이론, 양자역학 이론과 불확정성의 원리까지 사람들은 주식 시장의 변동성에서 일정한 함수와 공리를 찾아내려고 발버둥 쳤지만, 지금껏 그 어느 이론도 주가의 흐름을 정확히 예측하지 못했다.

우리가 미래의 변동성을 정확하게 예측했다고 확신하는 그 순간, 알카에다 테러범들이 민항기를 공중에서 탈취해 세계무역센터빌딩을 향해 조종대를 틀어버릴 수도 있다. 블랙 스완은 우리 주변에 있다.

# 29

# 나누는 삶은 가진 자의 의무

● ● ●

네 지식을 나눠라.

그것이 불멸을 성취하는 방법이다.

— 달라이 라마 —

아들에게 나눔은 경제의 마침표라고 입버릇처럼 말한다. 나눔
은 재산의 진정한 의미를 깨닫게 하며 사회 내에서 본인의 좌표
를 확인하게 한다. 부자는 많이 가진 자가 아니라 많이 나누는 자
라는 말처럼 많이 가진 자는 많이 나눌 의무를 진다.

노블레스 오블리주를 언급하지 않더라도 사회 지도층과 경제
적 자유를 누리는 이들의 마땅한 의무다. 민주주의가 발원한 고
대 그리스의 도시 국가들은 전시戰時에 귀족(노블레스)의 참전 의무
를 명확히 했다. 이 전통은 유럽의 봉건제를 거쳐 단순히 국방의

의무를 넘어서 도덕적 의무와 사회 경제적 의무로 확대됐다.

대표적인 인물이 철강왕 카네기다. 카네기는 "부자로 죽는 건 부끄러운 일"이라는 유명한 말을 남겼는데, 재산을 자녀에게 물려주기보다 사회에 환원하기를 선택했다.

카네기의 기부는 구체적이고 계획적이었다. 자산을 팔아 카네기재단을 세웠고, 가난으로 공부에 대한 갈증을 느꼈던 터라 전국에 공공도서관 2,500개를 지어 기증했다. 카네기공과대학과 카네기교육진흥재단 등을 설립하는 데 무려 3억 달러 이상을 썼다. 더불어 예술의 가치를 알았던 카네기는 유지遺志를 통해 뉴욕에 카네기홀을 설립하기도 했다.

난 빌 게이츠나 워런 버핏을 비롯한 오늘날 억만장자 다수가 그러한 모본을 따라 사회적 환원에 동참하는 문화가 미국에 뿌리를 내리게 만든 것도 카네기가 남긴 또 다른 유산이라고 믿는다.


## 나눔의 원리

우리나라에도 카네기 못지않은 사업가가 있다. 유일한 박사다. 내 또래의 한국인에게 '아까징끼'와 함께 거의 만병통치약(?)이던 안티푸라민으로 유명한 회사 유한양행의 설립자다. 그의 일대기를 담은 《유일한 평전》을 늘 곁에 두고 읽는다. 기업은 개인의 것이 아니라 사회와 종업원의 것이라는 그의 평소 철학이 책에 오롯이 담겨 있어서다.

유일한의 위대함은 불요불굴의 기업가 정신에만 있는 게 아니다. 사회에 미약했던 나눔의 철학을 밝히고 몸소 실천한 대표적인 사업가여서다. 유일한은 전 재산을 사회에 환원했다. 가족에게 물려준 돈이라고는 손녀 유일링에게 유학비 명목으로 남긴 1만 달러가 전부다. 손녀는 그것마저 5,000달러만 쓰고 나머지는 기부했다. 그 할아버지에 그 손녀다.

미국 사회는 기부 문화가 정착돼 있다. 조세 제도나 지원 정책을 통해 기부자에게 다양한 혜택을 주는 게 상식처럼 여겨져서이다. 마이크로소프트의 창업자인 빌 게이츠는 아내 멀린다와 함께 2000년에 빌&멀린다게이츠재단을 설립해 제3세계 교육 문제와 빈곤 퇴치 문제 등을 위해 수십억 달러를 기부했다.

빌 게이츠는 일찌감치 '기부 서약Giving Pledge'을 통해 재산의 대부분을 사회에 환원할 것이라고 선언했다. 워런 버핏은 게이츠의 대의에 공감하고 자기 재산을 재단에 내겠다고 공언했다. 미국인이 부자들을 사랑하고 존경하는 이유는 이처럼 나누면 그 몫이 곱절로 커진다는 나눔의 원리를 그들이 몸소 실천하기 때문이다.

나눔에는 돈만 있는 게 아니다. 지식도 훌륭한 나눔의 원천이 된다. 난 지식을 나누는 게 불멸을 성취하는 방법이라는 달라이 라마의 말씀을 늘 염두에 둔다. 모든 투자는 일차적으로 내가 돈을 벌려고 하는 것이다. 그러나 투자의 궁극적인 목적은 그 돈으로 나와 가족, 나아가 공동체와 사회가 모두 행복해지는 것이기도 하다.

내 것을 가지려고 움켜쥐고 남에게 베풀지 않는 사람은 내 것마저 다 가질 수 없다는 사실을 깨닫고 절망한다. 반대로 돈에서 자유로운 사람이 되려면 먼저 이기심이라는 알을 깨고 욕심이라는 굴레에서 벗어나야 한다.

대학에서 제자들을 가르치는 난 지식을 나눠주는 것뿐 아니라 먼저 사회생활을 거쳤던 선배로서 삶의 지혜를 전해주는 것도 나눔이라 생각한다. 대학원 수업은 조를 구성해 연구와 발표를 하는 경우가 많은데, 매주 한 조씩 불러 밥을 사주는 일도 매우 중요한 일과에 속한다.

평소 비싼 가격에 갈 수 없었던 서강대학교 근처 이탈리안 레스토랑에서 파스타와 피자를 나누다 보면 제자들의 입을 통해 자연스레 요즘 젊은 세대의 안부와 사정을 듣게 된다. 그때마다 어쭙잖게 건네는 가벼운 위로보다는 인턴십이나 졸업 후 취업과 진로에 대한 방향을 제시하려고 한다.

개인적 고민을 안고 연구실을 찾는 제자들 역시 내게 빠질 수 없는 나눔의 대상이다. 단순히 밥 한 끼 얻어먹으러 오는 것부터 남자 친구를 대동해 내게 어떤지 묻는 것까지 의도와 목적도 다양하다. 개중에 한 여학생은 세 번 다 다른 남자 친구를 데리고 나타나기도 했다. 최근에 연락이 와서는 얼마 전 네 번째 남자 친구를 사귀었다고, 이번에는 좀 확실해지면 데리고 찾아뵙겠단다.

## 얼마를 나눌까요?

문학 소년을 꿈꾸던 내게 헤르만 헤세의 《데미안》은 늘 새로운 영감과 통찰력을 주는 원천이다. 《데미안》에 이런 글귀가 있다.

> 새는 알을 깨고 나온다. 알은 새의 세계다. 태어나려는 자는 하나의 세계를 파괴하지 않으면 안 된다. 새는 신을 향해 날아간다. 그 신의 이름은 아프락사스다.

헤르만 헤세의 말처럼 새로운 존재로 거듭나려면 기존의 나를 해체하는 과정이 필요하다. 내가 스스로 알을 깨고 나오면 새가 되고, 남이 대신 알을 깨면 달걀프라이가 된다. 기부는 나를 벗는 근사한 경험이다.

난 운이 좋아 지금까지 공저를 포함해 20권 정도의 책을 썼다. 개중에는 꽤 잘 팔린 책도 있다. 책은 내가 잘나서 쓴 게 아니다. 내 업적을 자랑하려고 쓴 건 더더욱 아니다. 내가 여기까지 성장할 수 있었던 이유는 인생의 여러 고비마다 나를 믿고 도와줬던

많은 지인, 나아가 내가 속한 대한민국 사회가 있어서다.

그래서 책과 강연, 교육을 통해 얻은 수익 일부는 사회로 환원하는 것이 마땅하다고 예전부터 생각해왔다. 매 분기 들어오는 인세를 학교나 일부 자선 단체에 기부하는 것도 내가 사회에 보답할 수 있는 길이라 믿는다. 부는 나누면 나눌수록 커지는 마법을 매번 보여준다. 난 매 분기 그렇게 기적을 경험한다.

# 30

# 공유 커뮤니티를 만들어라

• • •

더 빨리 가려면 혼자 가라.

더 멀리 가려면 함께 가라.

— 앨 고어 —

일전에 99% 대 1% 논쟁이 있었다. 2011년 미국에서 시작된 '월가를 점령하라'는 운동 중에 등장한 슬로건 중 하나인 "우리는 99%다"는 상위 1%의 부유층이 전체 부의 대부분을 소유하고 있는 현실을 정면에서 비판했다.

미국은 레이거노믹스 이후 상위 1%와 나머지 99% 사이의 소득 격차가 꾸준히 증가해왔다. 이는 경제성장의 혜택이 고르게 분배되지 않고 소수의 부유층에 독점적으로 집중돼왔음을 의미한다. 이렇게 소득의 불평등은 기회의 불평등과 부의 불평등으로 이어졌고, 이는 장차 잠재적인 사회적 갈등으로 불거질 우려를 낳고 있다.

2024년 현재 테슬라의 CEO 일론 머스크의 순자산은 약 2,400억 달러로 추정되는데, 이는 미국 중위 소득의 일반 회사원 재산의 약 200만 배에 달하는 수치다. 200만 명이 나눠 가져야 할 재산을 오늘날 한 사람이 보유하고 있다는 뜻이다.

하다못해 워런 버핏은 〈뉴욕 타임스〉 기고문에서 2010년 6,300만 달러를 벌었지만, 세금으로 고작 700만 달러를 냈다며 100만 달러 이상 벌어들이는 부자들이 사회를 위해 세금을 더 내야 한다고 주장했다. 자신의 세율이 17.4%였는데 버크셔 해서웨이 직원들의 세율은 평균 32.9%였다는 것이다.

경제적 불평등이라는 신자유주의의 그늘은 현대 사회에 천민자본주의를 낳게 된다. 천민자본주의는 독일의 위대한 사회학자 막스 베버가 처음 사용한 개념으로 자본주의 경제 체제가 지닌 윤리적·사회적·문화적 책임을 무시하고 단순히 이윤만 추구하고 물질적 성공만 강조하는 경제적 행태를 일컫는다.

유대인의 경제 활동을 비판하려고 언급된 이 개념은 이후 과도한 물질주의에 빠져 돈과 재산을 삶의 최우선 가치로 여기는 현대 사회의 물신성을 고발하는 데 쓰이고 있다. 자유방임주의Laissez-faire는 천민자본주의로 왜곡돼 돈이 기준이 되는 새로운 계급이 사회에 출현하게 했고, 이는 역설적으로 무엇이든 돈만 있으면 된다는 사고방식을 낳았다.

상황이 이렇다 보니 윤리적 무관심이 낳은 각종 사회 문제가 불거지기 시작했다. 부의 집중을 통한 경제적 불평등을 초래하고, 경제적 불평등은 소득·부·기회·생활 수준의 차를 극명하게 벌였다. 정치권은 모든 정책을 짤 때 장기적인 이익이나 지속 가능성, 사회적 비용보다는 단기적 이익에 집중한다.

아이들은 무조건 돈을 많이 버는 게 꿈이라고 말한다. 같은 반 친구는 꿈을 나누는 동료가 아니라 수능의 등급을 가르는 잠재적 경쟁자며, 사각지대에 있는 약자와 소수에게는 공동체의 역할과 직분을 다하지 않는 사회적 무임승차자로 낙인을 찍는다.

## 성장에서 분배로

하버드대학 정치철학자인 존 롤스는 1971년 문제의 저작 《정의론》을 출간한다. 책에서 왜 사회가 이렇게 불평등한가라는 질문을 근본적으로 해결하고자 했다. 존 롤스는 서로 만족할 만큼 자신의 몫을 나눠 가진 사회, 평등하고 공정하게 분배적 정의가 실현된 사회를 '정의로운 사회'로 정의했다.

나아가 존 롤스는 정의로운 사회를 위해 두 가지 원칙을 제시했는데, 하나는 자유의 원칙이고 다른 하나는 차별의 원칙이다.

자유의 원칙은 간단하다. 언론의 자유와 종교의 자유, 투표권 같은 모든 사람에게 무차별적으로 동등하게 주어지는 기본적인 자유는 무한히 주어져야 한다는 것이다.

존 롤스의 주장에서 기발한 부분은 두 번째 원칙에서 찾을 수 있다. 이는 재화를 나눌 때 사회에서 가장 혜택을 받지 못한 사람에게 더 많이 줘야 한다는 원칙이다. 가장 적게 가진 자에게 가장 많이 줘야 부에 균형추가 맞을 것이다. 이런 원칙을 지배하는 원리를 설명하며 '무지의 베일'이라는 사고 실험을 제안했다.

무지의 베일은 모든 선천적이고 후천적인 조건이 사라진 시민 모두가 디폴트값으로 존재하는 곳이다. 쉽게 말해 사회 일원이 되기 전에 난 남자인지 여자인지, 부자인지 빈자인지, 백인인지 흑인인지, 일반인인지 장애인인지 알 수 없다는 것이다. 이를 롤스는 '원초적 입장'이라고 불렀다.

원초적 입장에 선 내가 정책을 입안하는 주체라면 어떤 결정을 내릴까? 무지의 베일은 가상의 원초적 위치에 있는 사람들이 재산과 지능, 사회적 지위 또는 선에 대한 개념 같은 것들을 알지 못한다는 것을 의미한다. 내가 남자인지 여자인지도 모르는 상황인데 남자에게 무조건 유리한 정책을 짤 수는 없을 것이다. 동시에 내가 백인인지 흑인인지도 알 수 없는 처지에서 흑인에게 마냥 불리한 법을 제정할 수도 없게 된다.

이런 상황을 설명하며 롤스는 간단명료하게 비유를 든다. "내

앞에 놓인 파이를 모두에게 잘라줄 때 내 몫의 조각이 무엇인지 알 수 없다면 비로소 우리는 공평하게 파이를 나눌 수 있다." 이것이 롤스가 말한 정의로운 사회다.


## 경쟁에서 협력으로

BBC 프로듀서였던 마거릿 헤퍼넌은 《경쟁의 배신》에서 경쟁 무용론을 주장한다. 헤퍼넌은 오늘날 승자독식의 경쟁 사회가 낳은 막대한 정신적·물리적 비용이 개인을 무자비한 전사로, 공동체를 적자생존의 전장으로 뒤바꿔놓았다고 비판한다. 경쟁은 인간을 알프레드 테니슨이 쓴 시 〈인 메모리엄〉(1850)의 표현처럼 '이빨과 발톱이 피로 붉게 물든Red in tooth and claw' 존재로 만들었다. 헤퍼넌은 《경쟁의 배신》에서 사회에 만연한 경쟁의 대안으로 공유와 협력을 제시한다.

헤퍼넌은 경쟁이 문제 해결에 있어 창조적인 사고를 방해한다고 말한다. 그녀는 경쟁이 걸린 승부나 게임에서 모든 참가자는 창의력을 발휘할 동기를 잃게 되며 필연적으로 제한된 사고방식에 갇힌다고 주장한다. 이는 어쩌면 경쟁이 가져오는 가장 큰 피해일지도 모른다.

미래는 협력과 공유의 시대다. 이는 경제학뿐 아니라 진화생물학도 증언하는 내용이다.

지인 소개로 하버드대학 생물학 교수인 마틴 노왁의 《초협력자》라는 책을 읽었다. 꽤 빡빡한 책이라 여러 번에 걸쳐 나눠 읽었는데, 결론은 '초협력자Super-cooperator'가 미래를 지배할 것이라는 예견이다. 이젠 경쟁이 아니라 협력이 경쟁력인 셈이다.

노왁 교수는 게임 이론을 통해 협력의 메커니즘을 반복(직접 상호성)과 평판(간접 상호성), 공간 선택, 다수준 선택, 혈연 선택으로 꼽는다. 《초협력자》에서 마틴 노왁 교수는 협력자로서 인간이 진화 과정에서 다섯 가지 메커니즘을 갖게 되었다고 주장한다. 그는 분석적이고, 수량적이며, 수학적인 기초로부터 찾아낸 아이디어를 통해 그간 일반 종교인들이 주장해온 도덕성을 과학적으로 입증할 수 있다고 말한다. 진화에 협력은 필수적이었다니 생물학이 발견한 결론이 종교의 결론과 동일하다는 게 신기하다. 그러고 보면 21세기에 "나만 아니면 돼"라는 외침은 공허한 탄식이다. 부의 거울이 말해주는 미래는 협력이 화두가 될 것이다.

생물학이 발견한 결론이 종교의 결론과 동일하다는 게 조금 신기했다. 21세기에 "나만 아니면 돼"라는 외침은 공허한 탄식이다. 부의 거울이 말해주는 미래는 협력이 화두가 될 것이다.

《초협력자》에서 마틴 노왁은 인류가 죄수의 딜레마라는 마수에서 벗어나려면 초협력자가 가진 협력의 전략, 즉 관대하고 희망적이고 용서하는 태도를 가져야 한다고 강조한다. 더불어 세계가 협력하고 연대할 때 경제뿐 아니라 기후와 식량 등 많은 문제를 함께 해결할 수 있다고 제안한다.

심지어 《초협력자》에서 경제의 성장과 하락도 이런 협력의 관점에서 설명할 수 있다고 말한다. 노왁은 지구촌 한편에서 발생한 경제적 붕괴가 다른 편에 너무 쉽게 전달되는 시대에 우리가 살고 있다고 말한다. 세계 경제는 이미 거미줄처럼 서로 연결되어 있어서 한 나라의 경제 정책은 그 나라 안에서 머물지 않고 다른 지역, 다른 나라까지 영향을 미친다는 것이다. 그 어느 때보다 돈은 나라와 나라 사이에 쉽게 흐를 수 있게 되었다. 나라마다 서로 협력해서 대응하지 않는다면 강 건너 불구경하듯 더 이상 경제 상황을 방관할 수 없게 된 셈이다.

경쟁에서 협력으로 나아가려면 공유의 가치를 배우고 공유 커뮤니티를 만들어야 한다. 미래학자 제러미 리프킨은 《소유의 종말》에서 현대 경제와 사회에서 소유 개념이 공유로 바뀌고 있음을 진단했다. 리프킨은 전통적인 소유 개념이 점차 사라지고 있으며, 소유 대신 '사용'과 '접근'의 개념이 사회를 주도할 것이라고 했다.

일정한 재화를 소유하는 것보다 그것을 사용하거나 접근할 수 있는 권한이 중요해지고 있다. 이런 움직임은 우버나 에어비앤비 같은 '공유 경제'의 등장으로 쉽게 확인할 수 있다. 이제 부의 거울은 우리에게 경쟁이 아닌 협력의 모델을 보여줄 것이다.

# 31

# 전문가를 조심하라 : 구축을 위한 해체

· · ·

지식의 가장 큰 적은 무지가 아니라

지식이 주는 착각이다.

— 대니얼 부어스틴 —

이런 제목을 떡하니 붙여놓고는 마음 한구석이 왠지 뜨끔하다. 난 수십 년 동안 우리나라 증시의 한복판에서 전문가로서 숱한 예측과 전망을 내놓았다. 대부분 예측대로 들어맞았지만 몇 개는 빗나가기도 했다. 연말이면 빗나간 예측을 놓고 침잠의 시간을 갖는다. 대체 왜 예측이 빗나갔을까?

방송이나 강연장에 나가 보면 나 같은 전문가들이 즐비하다. 나를 비롯해 그들이 한목소리를 내기도 하지만 때로는 전혀 다른 주장을 던지기도 한다는 사실이 흥미롭다. 내 예측 모델을 확신하는 탓에 전망을 뒤집을 생각이 전혀 없지만, 상대 역시 나름의 분석을 통해 상반된 주장을 내놓았으므로 가끔 양측의 전망이 누가 맞을까 하는 진실게임의 양상으로 치닫는 경우가 있다.

2001년 9·11 테러를 예측한 이후 '족집게 애널리스트'로 대중에게 알려졌다. TV에서 경쟁적으로 나를 부르기 시작했고, 어떤 프로그램은 나와 180도 다른 전망을 내놓는 패널을 앞에 앉혀놓고 말싸움 비슷한 것을 붙이기도 했다.

신기한 건 9·11이 일어나기 전 내 예측 모델이 정확히 전 세계 경기 침체와 증시의 대폭락을 예측했다는 사실이다. 고장난 시계도 하루에 두 번은 맞고, 소가 뒷걸음질 치다가 쥐를 잡는다는 말처럼 어쨌거나 내 예측을 수용해 자산을 정리한 분들은 단기적인 큰 손실을 면할 수 있었다. 솔직히 말해 아직도 9·11과 불경기가 어떤 연관성이 있는지 잘 모른다.

2020년 전 세계를 강타한 코로나 팬데믹 역시 마찬가지다. 2018년 출간한 《위험한 미래》에서 2020년 상반기부터 다시 우리나라를 비롯한 세계 경제가 어려워질 것으로 전망했다. 아마 내 골수팬이라면 그때를 정확히 기억할 것이다. 당시 2300 안팎이던 코스피 지수가 1600까지 떨어질 수 있으니 조심하라는 경고를 책에 썼다.

당시에는 2008년 글로벌 금융위기 여파에서 세계 경제가 벗어나는 중이어서 증시가 일시에 700포인트가량 빠진다는 예측은 어떻게 보면 조금 무모한 주장이었다. 그런데 이번에는 전대미문의 전염병이 창궐하는 게 아닌가. 난 여전히 역병과 불경기가 어떤 연관성이 있는지 전혀 알 길이 없다.


## 지식의 효용성

1973년 프린스턴대학 경제학 교수인 버턴 말킬은 역사에 남을 흥미로운 실험을 하나 제안한다. 눈을 헝겊으로 가린 원숭이가 신문 경제면에 다트를 던져 무작위로 고른 주식이 해당 분야 최고 전문가들이 신중하게 선택한 주식보다 더 높은 수익을 낼 수 있는가.

말킬은 투자 분석가가 신중하게 조립한 포트폴리오가 아무것도 모르는 원숭이가 장난삼아 던진 다트만 못하다는 가정 위에서 실험을 했다. 그는 저서 《랜덤워크 투자 수업》에서 주가가 모든 정보를 반영하므로 단기 변동은 무작위로 움직이며, 그래서 예측할 수 없다고 썼다. 원숭이 실험을 통해 투자자가 알아야 할 것은 유인원이 인간만큼 똑똑할 수 있다는 게 아니라 지나간 차트에서 현재의 투자 원리나 전략을 찾지 말라는 것이다.

과연 그럴까? 증권가에 날고 기는 전문가가 원숭이보다 못하다니 조금 억울한 느낌마저 든다. 거시경제를 연구하는 내가 보기에는 실험의 여러 맥락과 조건에 문제가 있어 보인다. 하지만 부인할 수 없는 버턴 말킬의 주장 하나는 '지나간 차트에서 현재의 투자 원리나 전략을 찾지 말라'는 것이다.

단골만 어림잡아 수백 명이 넘는 족발 맛집에는 수십 년간 비법처럼 내려온 씨간장이 있다고 한다. 족발을 삶았던 간장을 버리지 않고 계속 졸여 쓰는 게 씨간장이다. 그렇게 함께 삶아진 씨간장은 농도와 풍미에서 햇간장이 넘볼 수 없는 수준에 도달한다. 주인장이 하늘이 두 쪽 나도 씨간장만큼은 줄 수 없다고 으름장을 놓을 만하다.

그런데 지식에는 씨간장처럼 '씨지식'이란 게 없다. 21세기는 어제 썼던 지식이 오늘에 그대로 쓰일 수 있는 시대가 아니기 때문이다. 새 술은 새 부대에 담아야 한다.

## 전문가라는 함정

나 같은 전문가를 조심하라. 전문가도 모든 것을 다 알 수는 없다. 모르는 건 모른다고 하면 되겠지만, 방송이나 언론이 허락하지 않는다. 그래서 무리하게 전망하고 다른 예측을 내놓을 때도 있다. 혹은 자신이 속해 있는 집단의 이익을 위해 지표와 다른 말을 해야 할 때도 있다.

이런 압박을 무시하면서 애널리스트로 살아남는다는 건 그리 쉬운 일이 아니다. 타성에 젖거나 매너리즘에 빠지는 것보다 더 위험한 건 전문가의 함정에 빠지는 것이다. 전문가의 함정이란 나처럼 한 분야에 수십 년간 활동하면서 취득한 지식이나 경험이 그 분야의 전부라고 착각하는 것, 나아가 내 판단이 항상 옳다는 자기암시 같은 것이다.

그러면 어떻게 해야 할까? 라이스대학 에릭 데인 교수는 "전문가가 전문성과 경험이 깊어질수록 세상을 보는 특정한 방식에 더 쉽게 매몰된다"라고 경고한다. 전문가의 함정에서 벗어나려면 새로운 지식을 습득하는 학습만큼 이전에 내가 쌓아 올린 지식을 폐기하는 '폐기학습Unlearning'이 필요하다는 것이다.

고정관념과 상식을 과감하게 벗어던지는 건 금과옥조 같은 지식을 불태우는 분서焚書와 전문가로서 나 자신을 파묻는 갱유坑儒가 함께 있어야 가능하다. 우선 나부터 어제의 패러다임을 벗어나는 창조적 파괴를 감행할 때 새로운 시대에 거듭난 전문가가 될 수 있다.

이는 개인뿐 아니라 조직에도 그대로 적용할 수 있다. 저명한 경영학자인 게리 해멀과 C. K. 프라할라드는 조직이 기존의 사고방식에서 벗어나 새로운 역량을 개발하려면 새로운 지식을 배우는 학습만이 아니라 낡은 지식을 버리는 폐기학습도 함께해야 한다고 강조한다.

《시대를 앞서는 미래 경쟁전략Competing for the future》에서 게리 해멀은 폐기학습이 제대로 이뤄질 때 재학습Relearning도 가능하다고 말한다. 진정한 전문가는 자신이 구축한 세계를 파괴하는 자다. 1993년 고 이건희 회장이 프랑크푸르트 한 호텔로 삼성 사장단과 임직원을 모아놓고 "마누라와 자식 빼놓고 모두 바꾸라"고 호통친 것도 같은 맥락일 것이다.

프리드리히 니체는 스스로 구축한 세계를 부수기 위해 철학자가 망치를 들고 철학을 해야 한다고 했다. 나 역시 전문가로서 예측이 빗나간 경우가 적지 않았다. 나도 사람이다. '족집게'라는 평가는 애널리스트에게 때로 훈장이자 천형과 같다. 그래서 열 번 맞히고 한 번 틀려도 모든 비난의 화살이 내게로 향한다.

난 성공뿐 아니라 실패에서도 배울 수 있어야 한다고 믿는다. 2002년 하반기에 그런 일이 일어났다. 그해 10월과 11월에 종합주가지수가 900을 넘을 것으로 전망했는데 주가는 730까지 오르는 데 그쳤다. 당장 사방에서 원성이 쏟아졌다. 나 때문에 돈을 잃었다는 투자자의 빗발치는 전화로 사무실 업무가 마비될 지경이었다. 처음으로 비애감을 느꼈다.

예측 실패는 또 있었다. 2007년 5월과 6월 코스피 지수가 최악의 경우 1250선까지 급락할 수 있다고 신중론을 제시했는데, 당해 2분기는 코스피 지수가 연일 상승해 장중 1600선을 깨는 기염을 토했다. 변명의 여지 없이 실패를 인정해야 했다.

가만히 지표를 복기해보니 그간 눈에 보이지 않던 숨은 통계들이 여기저기서 튀어나왔다. 경제성장률이 예상치를 웃돌았고 내수와 직결된 민간소비 증가율도 전망치보다 좋게 나왔다. 무엇보다 우리나라 증시와 중국 증시가 긴밀히 연동돼 있다는 사실을 간과한 게 뼈아팠다.

당시 과열이라는 우려 속에서도 중국 상하이종합지수는 4000선을 돌파하고 있었다. 2005년 코스피 지수 1000 시대의 개막을 알리며 내놓는 예측마다 적중하는 신기를 발휘했던 난 틀에 갇혀 안이하게 지표를 분석했다.

대신증권에서 근무할 때, 경쟁사였던 하나증권에서 스카우트 제의가 들어왔다. 예산을 100억 원 마련해 내가 갈 수 있는 자리를 만들어놓았다는 거였다. 예산뿐 아니라 인사권까지 주는 조건이었다. 대신증권과의 의리와 은혜를 생각하면 도저히 갈 수 없었지만, 새로운 도전을 위해 과감히 그 제안을 받아들였다.

새로 옮긴 회사는 내 이름을 딴 '김영익랩'을 만들고 2007년과 2008년 사이 대대적인 광고를 뿌렸다. 공격적인 마케팅 덕분인지 투자 상품을 3,000억 원 가까이 팔았고, 그 과정에서 회사는 적지 않은 이익을 남겼다. 그런데 뜻하지 않게 금융위기가 닥치는 게 아닌가. 회사에 80억 원이라는 투자금을 맡긴 한 큰손은 "당신 이름을 보고 들었으니 당신이 물어내라"라며 매일 내게 전화를 걸어왔다.

이후로도 실패가 없었을까? 그렇지 않다. 실패는 그림자처럼 늘 애널리스트를 따라다닌다. 문제는 실패를 극복하느냐다. 실패의 횟수는 중요하지 않다. 실패에서 무엇을 배웠느냐가 중요하다. 실패에서 배우는 지혜는 더 깊고 충만하다.

우리는 부의 거울을 통해 회복탄력성을 갖춰야 한다. 유리공 같은 멘탈로는 시장을 제대로 분석할 수 없다. 고무공 같은 탄성을 갖는 건 시대에 당하지 않는 투자자의 필수 덕목이다.

# 32

# 사람이라는 레버리지

• • •

레버리지를 가진 사람이
레버리지가 없는 사람을 지배한다.

— 로버트 기요사키 —


아르키메데스는 나에게 충분히 긴 지렛대와 받침목만 주면 지구라도 들어 올려 보이겠다고 했다. 수학자의 괜한 너스레가 아니라 지렛대의 원리를 표현하기 위한 극적 수사다.

레버리지는 투자에서 중요한 개념이다. 많은 사람은 레버리지를 차입 투자 정도로 생각하는데 그렇지 않다. 레버리지는 시간의 레버리지와 사람의 레버리지가 있다. 모두 신에게서 하루 24시간을 공평하게 선물로 받은 것 같지만, 모두 시간을 쓰는 방식에 따라 전혀 다른 레버리지가 가능하다.

베스트셀러 작가 로빈 샤르마는 평범한 사람이 낭비한 시간을 비범한 사람은 레버리지한다고 했다. 시간의 레버리지는 돈의 레버리지보다 더 중요하다.

이번 절에서 사람이라는 레버리지를 말하고자 한다. 일반적으로 레버리지라고 하면 자본에 차입을 더해 자산을 늘려 투자 수익을 극대화하는 것을 말한다. 난 돈은 얼마든지 빌릴 수 있지만 사람은 빌릴 수 없으므로 진정한 레버리지는 돈이 아니라 사람이라고 생각한다. 인생에서 정말 중요한 건 돈이 아니라 사람이다.

대학교에 입학한 후 신이 난 아들에게 내가 해준 조언은 "다른 거 못해도 좋으니 좋은 친구를 많이 만들어보라"는 거였다. 대학에 다니며 만난 친구들이 10년, 20년 뒤에는 우리나라와 전 세계에 굵직한 자리를 차지하고 있을 게 뻔해서다.

## 사람이 가장 중요하다

삶에서 가장 중요한 건 '사람'이다. 두산그룹이 사람이 미래라는 모토를 오랜 기간 줄기차게 밀었던 것도 비슷한 이유일 것이다. 예부터 수많은 선인이 사람을 귀히 여기라 말했다.

사람을 귀하게 여긴다는 건 어떤 의미일까? 난 아들에게 사람을 귀히 여기는 것이 단지 상대방을 존중하고 그의 말을 잘 듣는 게 아니라고 말해준다. 사람은 인생에서 레버리지를 일으키는 가장 중요한 장대다. 비즈니스조차 사람이라는 레버리지가 없으면 결코 만족할 만한 성과를 얻을 수 없다. 젊은 백만장자 사업가인 롭 무어는 자신의 책《머니》에서 사람을 레버리지로 활용하는 것에 대해 설명한다. 무어는 사람을 레버리지로 쓴다는 게 그를 노예처럼 부리라는 말이 아니라고 말한다. 사람을 레버리지 한다는 것은 직원을 고용하여 그에게 임금을 지급하는 것과 관련된 게 아니다. 도리어 그에게 하나의 조직에 속했다는 연대감과 소속감을 주는 것, 그에게 자기 계발의 희망과 미래와 성장에 대한 믿음, 안정적인 소득과 생활의 안전을 제공하는 것, 나아가 회사와 직원 사이의 관계를 상하관계가 아니라 동반자 관계로 설정하는 것과 관련된 문제라고 주장한다. 그는 최고의 레버리지는 직원이 느끼는 비전에 있으며, 그가 사측과 호의적인 관계를 맺고 있다는 느낌에 있다고 말한다. 그렇게 직원을 상생하는 동료로 삼아서 아긴 시간을 보다 창조적이고 생산적인 일, 더 부가가치가 높은 일에 투자하는 것이 사람의 레버리지다.

내 삶은 사람 레버리지에서는 실패했다. 가끔 한 직장 내에 일하는 동료들의 이름을 기억하지 못하는 실수를 저지른 적도 있다. 한 번은 왜 그럴까 생각해봤다. 이코노미스트라는 직업에 그 탓을 돌렸다. 이코노미스트란 일은 누구에게 도움을 요청해서 답을 얻을 수 없다. 오직 이론과 데이터에 의해 스스로 현재를 판단하고 미래를 전망해야 한다. 증권사 리서치센터에서 기업을 분석하는 애널리스트들은 이코노미스트의 도움을 받아야 한다.

예를 들면 삼성전자를 담당하는 애널리스트가 삼성전자의 영업이익을 추정하려면 환율 전망치가 들어가야 한다. 환율에 따라 삼성전자 이익이 크게 달라지기 때문이다. 그 애널리스트는 이코노미스트가 전망한 환율을 적용한다. 그러나 환율을 전망하는 이코노미스트는 누구의 도움을 받을 수 없다. 스스로 전망해야 한다. 혼자서 분석하고 전망하다 보니 부탁할 일이 별로 없다.

그러나 난 적어도 내가 대하는 사람들에게 진심을 다 보였다. 내가 아는 걸 숨기지 않고 진정성 있게 대화에 응했다. 이것이 작지만 내가 사람 레버리지를 축적하는 데 도움이 됐다.

## 네트워크의 위력

중국에는 '꽌시'라는 독특한 문화가 있다. 우리말로 '관계'라는 뜻인데, 중국인들이 말하는 꽌시는 그냥 인간관계가 아니다. 어려울 때 날 도와줄 든든한 동아줄 같은 관계다.

난 사람을 아는 것이 비즈니스의 전부라고 생각한다. 내 인맥과 지인이 내가 보고 듣는 세계의 전부다. 사람은 내가 가진 인적 네트워크 이상을 생각하거나 상상할 수 없다. 우리는 여러 채널을 통해 '창조적 사고'의 중요성에 대해 자주 들어왔다. 그런데 창조적 사고라는 것도 인적 네트워크, 중국말로 꽌시의 범주를 넘어설 수 없다.

이에 대한 흥미로운 실험이 있다. 각종 사회실험을 수행한 것으로 유명한 행동주의 심리학자 스탠리 밀그램은 1969년 현대인들이 사회에서 어느 정도의 인간관계를 갖는지, 친구는 몇 명을 사귀는지 알아보기 위한 실험을 했다.

스탠리 밀그램은 미국 중서부 네브래스카주 오마하와 캔자스주 위치타에 사는 주민 300여 명에게 각기 우편엽서를 1통씩 나눠주고는 이를 미국 동부 보스턴에 사는 한 주식중개인에게 전달하도록 지시했다. 단, 수취인으로 판단되는 사람에게 직접 '인편으로' 보내는 방식이어야 했다. 엽서를 다른 사람에게 전하기 전 엽서에 반드시 이름을 적어야 해서 최종적으로 수취인에게 엽서가 도달할 때까지 몇 사람의 손을 거쳤는지 알 수 있었다.

실험 결과는 놀라웠다. 300통 중 64통이 넘는 엽서가 보스턴의 중개인에게 도착했다. 도착한 엽서에 적힌 이름을 세보니 평균 5.5단계 만에 수취인에게 전달됐다. 어떤 엽서는 3단계 만에 전달되기도 했다. 더 놀라운 점은 중개인에게 엽서가 전달되기 전 대부분의 엽서가 3명에게 집중됐다는 사실이다.

밀그램의 실험은 이후 많은 비판을 받았지만, 사람들이 '여섯 단계'로 연결돼 있다는 것이 하나의 밈처럼 알려졌다. 이후 이와 유사한 실험이 여러 번 있었다.

세상은 일이 아닌 사람으로 연결돼 있다. 일로 세상을 연결하면 아마 하루도 못 가서 세상의 모든 시스템이 붕괴할 것이다. 한 번쯤 내 주변에 누가 있고, 난 어떤 사람과 연결돼 있는지 점검해야 한다. 내가 연결된 네트워크에 누가 있는지, 그들은 어떤 역량이 있는지, 그들이 꿈꾸는 것은 무엇인지, 그들이 나와 어떤 관계를 맺고 있는지 확인해야 한다. 사람을 레버리지로 쓰려면 사람을 내 곁에 두어야 하기 때문이다.

부의 거울에 되도록 많은 사람을 담아라. 그들이 내게 시대를 견딜 수 있는 힘을 준다.

# 33

# 돈 앞에서 솔직해지기

• • •

돈이란 나머지 오감을
누릴 수 있게 해주는 육감이다.

— 서머싯 몸 —


"돈은 중요하지 않아." 돈은 요물이라는 말과 함께 돈에 대해 자주 듣는 말 중 하나다. 우리는 이 말을 일상에서 얼마나 자주 들을까? 직장인은 자신이 돈 때문에 일하지 않는다고 말하고, 장 사꾼은 자기는 돈 보고 장사하지 않는다고 말한다.

대폿집에서 동료들과 술잔을 기울이며 "야, 사람 나고 돈 났지 돈 나고 사람 났냐?"며 한탄하는 사람도 정작 회식이 파하고 식 대를 계산할 때는 화장실을 찾는다. 평소 틈만 나면 "우리 사이에 돈이 끼어들지 않게 하자, 알았지?" 신신당부하던 친구가 하루는 급하다며 돈 좀 빌려달라고, 친구니까 전화했다고 하소연한다. 너를 잃을까 봐 못 빌려주겠다고 하면 전에 들을 수 없었던 온갖 험구를 늘어놓는다. 돈이란 무엇일까?

찰리 멍거는 "세상은 욕심으로 움직이는 게 아니라 질투로 움직인다"고 했다. 투자자에게 가장 힘든 상황은 연일 주가가 급등하고 지수가 오르는 상황이 아니다. 자기와 비슷하다고 여기거나 못하다고 생각했던 친구가 대박이 나는 상황이다. 사촌이 땅을 사면 배가 아프다는 건 인간만의 가장 내밀한 감정일 것이다.

비유가 좀 그렇지만 거지가 부러워하는 사람이 누굴까? 길가에 좌판 깔고 있는 자신에게 선심 쓰듯 적선하는 억만장자가 아니다. 어제까지 자기 옆에 앉아 있었는데 며칠 전 우연히 산 복권이 당첨돼 하루아침에 졸부가 된 동료 거지다.

돈은 무서운 인력引力을 갖고 있다. 그래서 돈을 무시하거나 업신여기면 대번 돈의 자기장에 빨려 들어간다. 돈에 솔직해져야 한다. 밑도 끝도 없이 미화하거나 그럴듯한 개똥철학으로 포장할 게 아니라 돈의 민낯을 봐야 한다.

## 돈에 솔직해지기

아들에게 인생에서 세 종류의 사람을 피하라고 말한 적이 있다. 돈은 중요하지 않다고 말하는 사람, 자신이나 남에게 거짓말하는 사람, 요행을 바라는 사람이 그것이다. 그중 단연 첫째는 돈을 무시하는 사람이다. 돈을 무시하는 사람이 나머지 두 문제를 모두 안고 있는 경우가 많기 때문이다.

관계도 중요한 자산이다. 그런데 돈에 얽힌 관계가 아니라면 모든 관계는 일방적이다. 이 세상에 무조건적인 관계란 없다.

돈은 사다리와 같다. 적절한 길이의 사다리는 지붕에 올라갈 수 있게 해주고 강 건너편으로 넘어갈 수 있게 해준다. 돈이라는 사다리는 이삿짐센터 사다리차처럼 단순히 가재도구나 운반하는 용도로 쓰이지 않는다. 때로 위기의 상황에 사다리는 생명을 구하기도 한다.

내가 사는 고층 아파트에 불이 났다고 해보자. 당장 소방차가 아래에서 사다리를 올려주지 않는다면 난 꼼짝없이 집에 갇혀 화마에 희생될 수밖에 없다. 돈도 마찬가지다. 평소 안전한 시기에 돈은 대수롭지 않은 사소한 것으로 무시할 수 있지만, 위기의 순간에 돈은 생사 여탈권을 쥔 거의 유일한 생명의 동아줄이 된다.

내가 아는 돈은 솔직하다. 난 올바른 경제학이란 생산 요소를 최대한 활용해서 부를 극대화해 부를 나누는 것이라고 생각한다. 돈은 많으면 많을수록 좋다. 돈이 전부가 아니지만 현실이다.

다섯 체급을 무패로 정복한 희대의 복서 플로이드 메이웨더 주니어는 "세상에 돈이 전부는 아니지만 돈만 한 것도 세상에 없다"라는 솔직 담백한 말을 남겼다. 오스카 와일드는 "젊었을 때는 돈이 인생에서 가장 중요한 건 줄 알았다. 나이를 먹고 나니, 그 말이 사실임을 알게 됐다"고 했다. 워런 버핏은 "가격은 우리가 내는 돈이며 가치는 그것을 통해 얻는 재화"라고 했다. 도스토옙스키는 "돈은 세상 모든 불평등을 평등하게 만든다"고 했다.

난 돈이 얼마나 인생에서 소중한 선택의 기회를 주는지 잘 안다. 오래전 대학 입시를 준비하려고 학원에 다닐 때였다. 교재를 사야 하는데, 수중에 돈이 없었다. 어쩔 수 없이 그날 점심값을 아껴서 책을 사야 했다. 오후 늦게 책을 보면서 공부하는데, 눈앞에 글씨가 어른거렸다. 당장에라도 기절할 것 같았다. 아침도 제대로 먹지 못한 상태에서 점심까지 굶어야 했기 때문이다. 앞으로 인생에서 돈이 부족해 밥을 굶는 일은 겪지 않겠노라고 다짐했다.

## 돌고 도는 돈의 세계

수학을 대하는 두 가지 자세가 있다. 우등생은 수학 문제를 풀면서 보상을 바라지 않는다. 문제를 하나씩 정복하는 것 자체가 그냥 재미있다. 열등생은 '이걸 어디에 써먹을까? 더하기 빼기만 할 줄 알면 되는데'라고 생각한다. 수학 문제 하나를 풀더라도 이것저것 보상을 바란다. 수포자가 괜히 있는 게 아니다. 수포자에겐 애초에 수학이 재미없다. 투자자도 마찬가지다.

우리는 돈을 '통화通貨'라고 한다. 돈이 물처럼 흘러 다닌다는 의미다. 영어로도 '흐름'을 뜻하는 '커런시Currency'라는 단어를 쓴다. 통화나 커런시라는 말을 들으면 돈이 해류나 기류처럼 영역을 관통해 흐른다는 느낌이 든다.

돈은 흐르는 강물처럼 흘러야 한다. 흐르지 않는 돈은 어느 한 부분에 고이게 되고 고인 돈은 썩기 마련이다. 돈이 어떻게 썩느냐 되물을 수 있지만 엄연히 돈이 이자와 수익을 부른다는 측면에서 썩은 돈은 스스로 이자와 수익을 만들지 못하는 돈이다.

그런데 우리는 돈을 흐르게 놔두지 않는다. 자산 중에서 강물처럼 흐르지 않고 보에 막혀 저수지에 고여 있는 돈은 모두 썩은 돈이다. '인생 역전'을 꿈꾸며 투자한 자본금이 수년 동안 오르지 않는 부동산에 묶여 있다면 '인생 여전'일 수밖에 없다.

부의 거울은 돈을 고체가 아닌 액체로 봐야 한다는 사실을 알려준다. 자산이란 마치 돌들을 하나씩 쌓아 올려 만든 성벽이 아니다. 튼튼한 자산은 도리어 그 성벽을 둘러 흐르는 해자처럼 흘러가는 것과 같다. 우리는 수중에 들어온 돈이 다이아몬드처럼 영원하다고 착각한다. 하지만 잘 알지 않는가. 돌아보면 어느새 사라지고 흔적도 없는 경우를 말이다.

투자는 돈을 고체 상태에서 액체 상태로 만드는 과정이다. 현명한 투자자는 자신의 자산을 부동산이나 고급 승용차같이 어느 한곳에 묶어두지 않는다. 수억 원의 빚을 내서 부동산을 사는 순간, 인생은 그 빚을 갚는 데 허비되고 미래와 노후를 위한 투자는 영원히 불가능해진다는 사실을 잘 알기 때문이다.

부의 거울은 돈이 명사名詞가 아닌 동사動詞라고 알려준다. 동사는 문장을 움직이는 품사, 명사는 수식을 받는 품사다. 돈을 명사로 보기 시작하면 투자를 정지된 것으로 착각한다. 주식이든 펀드든 자산에 중요한 가치 중 하나는 유동성Liquidity이다. 말 그대로 현재 내 자산이 시장 상황에 따라 얼마나 유동적으로 운용될 수 있는지를 말해주는 지표다.

자산을 가치의 손실 없이 얼마나 쉽고 빨리 현금으로 바꿀 수 있는지에 따라 유동성이 높은 금융 상품과 유동성이 낮은 금융 상품으로 나뉜다. 내가 원하는 시기에 현금화가 가능한 상품은 유동성이 높은 상품이다.

돈에도 관성이 있다. 정체된 돈을 다시 굴리려면 상당한 에너지가 든다. 반대로 흐르는 돈은 좀처럼 멈추게 할 수 없다. 돈은 흐르는 방향으로 흐르는 경향이 있다. 이를 물리학에서 '경로의존성Path dependence'이라고 한다. 한 번 형성된 경로는 좀처럼 그 방향을 바꾸지 않는다는 말이다.

돈은 일정한 가치를 가진 추상적 개념이면서 동시에 물리적 실체기 때문에 투자하려면 돈의 경로의존성에 익숙해져야 한다. 이것이 돈이 돈을 번다는 말의 속뜻이다. 노동 자산을 일구는 데 만족한 A는 그 방향이나 경로를 바꾸거나 유턴하려고 하지 않는다. 마찬가지로 투자 자산을 축적해온 B 역시 동일한 경로로 나아가려는 관성을 갖는다.

우리가 노동 자산에서 투자 자산으로 갈아타려면 맨 먼저 이런 관성을 깰 필요가 있다. 제대로 진입한 경로 위에서는 모멘텀을 확보해야 한다.

# 34
# 세상에 좌우만 있는 건 아니다

국경은 동쪽도 서쪽도, 북쪽도 남쪽도 아니다.
한 사람이 사실을 직면하는 곳이면 어디든 국경이다.
— 헨리 데이비드 소로 —

가치투자의 대가大家이자 전 세계에서 가장 유명한 전설적인 투자자, 오마하의 현인Oracle of Omaha으로 불리는 워런 버핏은 가치 투자를 다음과 같이 정의했다. 가치 투자에 대한 그의 사상은 주식 시장이 상대적 관점이 모인 곳임을 알려준다.

시장은 일시적인 낙관(주식을 너무 비싸게 만든다)과 부적절한 비관(주식을 너무 싸게 만든다) 사이에서 흔들리는 시계추와 같다. 현명한 투자자는 비관주의자에게서 사서 낙관주의자에게 파는 현실주의자다.

동서남북은 단지 맛집의 위치 정보를 알려주는 구글맵이나 최단 거리를 찾아주는 내비게이션에만 필요한 게 아니다. 투자에도 방향 감각이 필요하다. 모든 결정은 상황에 따라 상대적이기 때문이다.

먼저 좌우 균형을 잘 맞춰야 한다. 스키를 배울 때 두 다리의 균형이 맞지 않는다는 사실을 알았다. 왼쪽으로는 부드럽게 터닝이 됐지만, 오른쪽으로는 영 뜻대로 되지 않아서 당혹스러웠다. 강사에게 물어보니 평소 자주 쓰거나 다리를 꼬는 자세, 짝다리 자세 때문에 한쪽 다리가 길어질 수 있다더라.

오늘날 선정적인 제목이 난무하는 시대에 살고 있다. 너는 좌인가 우인가 밝히라고 요구한다. 그러나 세상에 좌우만 있는 건 아니다. 중도도 있다. 지금 정치를 말하고 있는 게 아니다. 인생의 좌표를 말하는 것이다.

경제도 투자도 마찬가지다. 앞으로 닥칠 리스크를 최소화하면서 내가 가진 자산을 최대화하는 길은 좌도 우도 아닐 수 있다. 균형과 이익, 단리와 복리, 수요와 공급, 누적과 해체, 막힘과 뚫림, 멈춤과 달림, 지식과 행동, 쌓음과 무름을 생각하라. 어떻게 말하다 보니 이분법적으로 쓴 것 같아 멋쩍다.

## 2025년 이후 투자 지도

난 '금융 민주주의'라는 단어를 좋아한다. 우리가 금융을 공부해서 금융으로 부를 늘려야 한다. 그러려면 가계 자산 중 부동산 비중을 줄이고 금융 자산 비중을 늘려야 한다. 다음으로 금융 자산 가운데 현금과 예금 비중을 줄이고 채권과 주식 비중을 늘려야 한다. 마지막으로 해외 금융 자산에 투자해야 할 것이다.

통계청의 '가계금융복지조사 결과'에 따르면, 2023년 가계 자산 가운데 금융 자산은 23.9%, 실물 자산은 76.1%였다. 금융 자산에서 전월세보증금을 빼면 실제 금융 자산은 16.8%에 불과하다. 부동산 비중은 71.5%로 매우 높다. 주택연금제도 등을 활용해 부동산을 유동화하는 게 좋다.

한국은행의 자금순환 통계에 따르면, 2024년 3월 개인이 보유한 금융 자산은 5,326조 원이었다. 개인은 금융 자산을 현금·예금, 보험·연금, 채권, 주식에 배분한다. 현금·예금 비중이 46.4%로 높고 채권과 주식 비중은 각각 3.4%와 21.8%로 낮다. 금리는 갈수록 떨어질 가능성이 높다. 현재 2% 안팎으로 추정되는 잠재성장률이 2030년대 가서는 1%대 초중반으로 낮아질 전망이다.

우리 경제 전체적으로 저축(자금 공급)이 투자(자금 수요)보다 많아 자금 잉여 경제가 지속되고 있다. 2024년 3월에 933조 원을 보유한 기업(특히 대기업)이 은행에서 돈을 덜 빌리며 은행은 채권을 사게 될 것이다. 이런 요인을 고려하면 금리는 중장기적으로 하락할 확률이 높다.

이런 상황에서 현금·예금 비중 46.4%는 너무 높다. 예금 비중을 줄이고 채권이나 주식 비중을 늘려야 할 것이다. 2024년 3월 미국 가계 자산을 보면 현금·예금 비중이 11.7%로 낮고 주식 비중은 53.0%로 매우 높다. 우리가 미국 정도까지 갈 필요는 없지만, 주식 비중 확대가 바람직해 보인다.

해외 금융 자산에도 투자해야 한다. 1997년 외환위기 이후 국내 투자율이 총저축률보다 낮아지면서 1998년부터 우리 경제가 경상수지 흑자국으로 돌아섰다. 1998년에서 2024년 6월까지 누적 경상수지 흑자가 1조 1,078억 달러였다. 이 경상수지 흑자로 해외 직접 투자와 증권 투자를 했다. 그래서 해외에서 이자와 배당 소득을 얻고 이는 다시 경상수지 확대에 기여하고 있다.

특히 국민연금의 해외 증권 투자는 대폭 늘고 있다. 국민연금의 해외 주식 투자가 2010년 19조 9,184억 원에서 2024년 6월에는 367조 275억 원으로 18.4배 증가했다. 같은 기간 국민연금 금융 자산에서 해외 주식이 차지하는 비중이 6.2%에서 33.4%로 급증했다. 국민연금이 우리 돈으로 해외 주식에 대신 투자해주고 있지만, 개인도 투자 자금의 일부는 해외 주식이나 채권에 투자해야 할 것이다.

그러나 국가별 투자 비중은 조절할 필요가 있다. 2023년 우리가 투자한 해외 금융 자산에서 미국 비중이 63.1%에 이르렀다. 2024년 3월 미국 연방정부 부채가 GDP의 122.3%이고 대외순부채 비중도 75.3%로 매우 높다. 대내외 불균형 해소 과정에서 중장기적으로 달러 가치가 하락할 확률이 높다. 달러 인덱스가 떨어질 때 미국 주가보다는 신흥국 주가가 상대적으로 더 올랐다.

## 새로운 시장에 눈을 돌리자

환율뿐 아니라 성장 가능성을 봐도 국가별 투자를 다변화할 필요가 있다. 내가 경제를 40년 가까이 공부해오면서 경제의 모든 비밀은 '인구' 구조에 있다는 사실을 깨달았다. 나처럼 나이가 들면 여러 분야에서 조금씩 줄이고 살 수밖에 없다. 그러나 젊은 사람들은 더 많은 소비와 투자를 시도하게 된다.

인구학자 조영태 교수는 《정해진 미래 시장의 기회》에서 시장을 파악하는 첫 번째 기준이자 가장 중요한 요소로 주저없이 인구를 꼽는다. 인구가 바뀌면 사회가 바뀌고, 사회가 바뀌면 시장이 바뀐다는 것이다. 인구는 단순한 머릿수가 아니라 한 사회의 '정해진 미래'다.

우리나라가 저출생 초고령화 사회로 진입하고 있는데, 이는 이미 인구에서 결판난 문제다. 조영태 교수는 《정해진 미래 시장의 기회》에서 인구학이 미래를 보는 부의 거울이 될 수 있다고 단언한다.

조영태 교수는 인구의 변동을 확인하고 일정한 구조를 이해하는 것이 인구학적 사고라고 말한다. 개인이든 회사든 인구학적 사고를 갖추면 미래를 정확하게 예측할 수 있는 통찰력을 얻게 된다. 인구 데이터는 원하는 사람이면 누구나 쉽게 얻을 수 있다. 그 데이터를 인구학적 사고로 읽어낼 수 있는 안목이 있느냐가 중요하다.

조영태 교수는 인구학이 한 나라의 다양한 연령 계층, 인구 변동과 분포를 통해 향후 시장의 규모를 가늠할 수 있는 안목을 준다고 주장한다. 일례로 최근 인구의 변화와 기존의 사회 문화를 통해 베트남 내수 피임약 시장의 전망을 낙관한다.

2022년 JTBC 드라마 〈재벌집 막내아들〉이 인기를 얻었다. 순양그룹 창업주 진양철 회장의 손자로 환생해 기업이 닥칠 미래를 척척 알아맞히는 주인공의 기발한 전략에 시청자들이 환호했다. 그런데 지금까지 대한민국의 인구 변동은 재벌집 막내아들로 다시 태어나지 않아도 우리에게 치트키를 가져다줄 수 있다. 미래를 알 수 있다면 위기를 기회로 만들 수 있다. 조영태 교수는 앞선 책에서 현재 인구가 미래의 많은 부분을 이미 정해놓았다고 단언한다. 오늘은 어제의 인구 변동이 낳은 결과기 때문이다. 따라서 내일은 오늘의 인구 변동이 만들 게 분명하다. 우리가 내다

보는 미래가 어둡다 해도 그 패를 미리 열어 볼 수 있다면 그 패에 미리 대비할 수 있다. 적어도 미래가 닥치기 전에 시간이라도 벌 수 있다. 미래의 기회는 인구학에 있다고 해도 과언이 아니다.

결과가 정해져 있다면 그 결과를 바꿀 수 있는 것도 우리 몫이다. 인구로 미래가 정해져 있다고 하지만 동시에 우리가 미래를 새롭게 설계할 수도 있다. 그것이 새로운 시장으로의 진입이다. 세계의 성장축과 소비축이 제1세계에서 제3세계로 이동하고 있다. 특히 젊은 인구가 폭발적으로 늘어나는 아시아는 매우 매력적인 시장이다.

'세계의 공장' 중국은 인구 구조가 우리나라 뒤꽁무니를 따르고 있고, 인도와 베트남은 아직 새로운 가능성이 있다. 특히 미·중 패권 전쟁이 전개되는 시점에서 상대적으로 이익을 볼 나라가 인도와 베트남이다. 그동안 전 세계 많은 투자자가 노동력이 값싸고 숙련도가 높은 중국에 투자해왔지만, 이제 중국 내 임금도 많이 올라가며 장점이 점차 희석되고 있다.

특히 중국 IT 기업에 정치 이슈가 늘 그림자처럼 드리워 있는 것도 투자를 꺼리게 만드는 마이너스 요인이다. 중국은 '하이브리드 자본주의Hybrid capitalism'라고 불릴 정도로 정부가 시도 때도 없이 시장에 개입한다. '공동부유'를 내세운 시진핑 정권은 자국 기업 길들이기에 나섰고, 2021년 알리바바(앤트)와 텐센트, 디디추싱 같은 플랫폼 기업들이 주식 시장에서 된서리를 맞았다.

그렇다고 중국에 투자하지 말아야 한다는 건 아니다. 중국 내수 1등주에 투자하는 건 여전히 괜찮은 선택이다. 다만 정책 불확실성을 통한 위험성을 줄이기 위해 개별 기업보다는 이런 기업이 포함된 펀드나 ETF 등에 간접적으로 투자하는 걸 추천한다.

35

# 시대에 당하지 않는 법

· · ·

최악의 상황을 가정하고, 최선의 상황을 바라며,
현재 상황을 받아들여라.

— 모건 하우절 —

현대인에게 자가용은 없어선 안 될 필수 교통수단이다. 차를
몰다 보면 백미러나 사이드미러가 얼마나 중요한 부품인지 깨닫
는다. 그 조그만 거울 하나가 깨진다면 당장 도로 위 안전운전을
담보할 수 없다. 백미러와 사이드미러 덕분에 시속 100km로 쌩
쌩 달리는 고속도로에서도 능숙하게 방향을 전환하고 차선을 바
꿀 수 있다. 그래서 '차'라고 불리는 모든 교통수단에는 뒤를 볼
수 있는 거울이 있다.

그런데 사이드미러에는 만국 공통으로 "사물이 거울에 보이는

것보다 가까이 있음.Objects in mirror are closer than they appear "이라는 문구가 쓰여 있다.

거울이 보여주는 상황은 운전자가 인지하는 것보다 가까이 있다는 이 경고문. 요즘엔 인식 센서가 알람을 울려 주변 차량의 접근을 알려준다지만 거울에 새겨진 이 경고문을 운전자가 무시하다간 당장 크고 작은 사고가 일어날 수 있다. 굴절 현상을 미처 이해하지 못하고 수심이 깊은 수영장에 뛰어드는 것처럼 거울이 포착한 차간 거리만 믿고 무턱대고 끼어들기를 했다간 낭패를 당할 수 있다는 얘기다.

이번 절에서는 차량에 달려 있는 거울을 통해 경제 이야기를 나눠보자.

사물이 거울에 보이는 것보다 가까이 있음.

## 안전지대는 더 이상 안전하지 않다

사이드미러에는 사각지대가 존재한다. 거울이 다 포착하지 못하는 사각지대의 위험성은 예측 불가능성에 있다. 우리가 보는 사물이 실제로 더 빠르게, 더 가까이 다가오고 있다는 사실은 뭐라도 보여야 알 수 있는데, 사각지대에 들어간 사물은 시야에서 신기루처럼 사라진다. 그러다가 차선을 변경하거나 속도를 감속할 때 툭 튀어나와 사고를 유발한다. 시야에 당장 보이지 않는다고 안전 주행을 하고 있다는 착각에 빠지면 안 되는 이유가 여기에 있다. 시대에 당하지 않으려면 이처럼 거울이 다 말하지 않는 예측 불가능성을 내 투자 포트폴리오에서 빨리 제거해야 한다.

프랑스엔 그레누이예Grenouille라는 요리가 있는데, 요즘도 개구리 요리를 내놓는 유명 레스토랑이 있다. 내가 어렸을 때만 해도 시골에서 개구리는 아주 훌륭한 단백질 공급원이었다. 무엇이든 먹을 게 없던 시절, 맛도 좋고 잡기도 쉬워 개구리 사냥은 시골 코흘리개 남자아이들의 소일거리이자 주요 스포츠였다.

게다가 옛날에는 널린 게 개구리여서 출정 한 번으로 나뭇가지에 한가득 꽂아 들고 올 수 있었다. 지금에야 남획과 기후변화에 따른 개체수 감소로 개구리가 귀한 시대가 됐지만, 패션과 예술을 사랑한다는 프랑스 사람들도 개구리 맛을 느끼는 미각에는 우리와 별반 다르지 않은 것 같다.

우리는 주워 온 나뭇가지에 불을 붙여 잡아 온 개구리를 구워 먹었는데, 그 맛이 닭고기와 비슷했다. 그런데 프랑스인들은 온갖 채소와 육수를 부은 냄비에 살아 있는 개구리를 넣어 서서히 삶아 먹었다. 변온동물인 개구리는 수온 변화에 체온을 맞추며 뜨거운 탕 속에서 서서히 익어간다. 견딜 수 없을 정도로 뜨거워 냄비에서 탈출하려고 펄쩍 뛸 때쯤에는 이미 몸과 근육이 익어버려 둥둥 떠다닐 뿐 뜻대로 움직일 수 없다.

이 요리 방식이 안전지대에 머무르려는 우리 심리를 잘 보여준다고 생각한다. 이를 '삶은 개구리 증후군'이라 부른다. 1869년 독일의 생리학자 프리드리히 골츠 실험으로 알려진 이 현상은 미지근한 물에 몸을 담그고 노곤한 사우나를 즐기는 시간이 길어질수록 현실에 안주하는 노예로 전락할 수 있다는 경고를 던진다.

인간은 모두 안정을 희구하고 변화를 혐오한다. 환경 변화를 극도로 싫어하며 변화에 본능적으로 저항하려 한다. 우리의 두뇌는 편안함을 안전한 것으로 착각한다. 내 주변에 안전지대는 그렇게 탄생한다.

안전지대Safety zone는 심리학자 주디스 바드윅이 《안전지대의 위험Danger in the Comfort Zone》(1991)에서 처음 사용했는데, 개인이 친근감과 익숙함으로 주변을 완전히 통제할 수 있는 상황을 말한다. 한마디로 안전지대는 불안 중립적인 위치에서 내가 원하는 대로 활동할 수 있고, 그 결과를 예측하고 조정할 수 있는 상태다.

안전지대는 공포 지대Fear zone로 둘러싸여 있는데, 역설적으로 공포 지대의 존재 때문에 안전지대는 개인에게 안전감을 주며, 공포 지대가 두터우면 두터울수록 개인이 느끼는 안전감은 비례해 커진다. 공포 지대 바깥에는 성장 지대Growth zone가 있는데, 개인이 성장하려면 반드시 안전지대를 벗어나 공포 지대를 가로질러 가야만 한다. 이 세 지대는 하나의 동심원을 이룬다.

## 나누고 정복하라

안전지대를 벗어나려면 어떻게 해야 할까? 라틴어 경구에 나누고 지배하라Divide et impera는 말이 있다. 로마제국이 전쟁을 통해 정복한 지역을 통치할 때 썼던 방식인데, 본토에서 멀리 떨어진 식민지에 제국의 지배력을 유지하려고 피지배 국민을 갈라치는 정책이다. '분할 통치'라는 이름으로 대영제국이 인도를 파키스탄으로, 다시 방글라데시로 쪼개 통치했던 사례가 '나누고 지배하라'는 원리를 충실히 따른 결과다.

나처럼 경제학이나 사회학을 전공한 학자들도 이 원리를 쓰는데, 정보와 자료가 일정한 규칙과 질서 없이 한 덩어리로 묶여 있을 때 연구자가 이를 잘게 쪼개고 분류해 연구에 적용하는 방식도 '나누고 지배하라'는 원리로 여겨진다.

투자에도 '나누고 지배하라'는 원리가 있다. '분산 투자'다. 계란을 한 바구니에 담지 말라는 경구에서 잘 드러나듯 투자 리스크를 줄이고 손실을 예방하는 포트폴리오를 짜는 것이다. 주식과 채권을 일정 비율로 나눠 투자하는 것이 그중 한 방법이다. 위험 자산으로 분류되는 주식에만 투자하지 않고 보다 안전한 채권이나 전환사채 같은 상품에도 일정 부분 자산을 배분해놓는다. 이를 '종류별 분산 투자'라고 한다.

거울에 모습을 보이지 않는다고 위험이 사라진 건 아니다. 그건 위험 요소가 사각지대에 숨어 우리에게 일시적인 착시를 주는 것일 뿐이며, 드러나야 할 문제는 언제나 드러나게 돼 있다.

종류를 나누는 것뿐 아니라 각 종류 안에서 주식 종목이나 채권 종목을 나눠 투자할 수도 있다. 삼성전자에 올인하는 게 아니라 바이오주나 2차 전지, 석유화학 업종에도 골고루 투자하는 것도 '나누고 지배하라'는 원칙에 부합하는데, 이를 '종목별 분산 투자'라고 한다.

이처럼 위험(리스크)을 분산하는 것을 넓게 '헤징Hedging'이라고 하는데, 서로 반대되는 포지션을 동시에 취해서 리스크를 줄이는 투자법이다. 헤징은 '울타리Hedge'라는 단어에서 파생한 것이니 우리말로 '울타리치기'쯤 될 것 같다.

한국인들은 대부분 아파트에 살지만, 미국인들은 대부분 일반 주택에서 산다. 집 주변으로는 잔디밭이 있는데, 옆집과 내 집 사이에 세워진 울타리는 벽 역할을 한다. 그런 의미에서 헤징은 위험이 내 투자 안으로 넘어올 수 없도록 차단하는 일이다. 워런 버핏이 언급한 '해자'와 같은 의미다.

요즘 원 푸드 다이어트가 인기라는데, 세상에 아무리 좋은 음식도 한 가지만 먹어선 건강을 제대로 지킬 수 없다. 마찬가지로 투자도 한 종목, 한 방법만 고수해서는 사각지대에 숨어 있는 모든 위험을 다 차단할 수 없다.

주식 투자의 리스크를 줄이려면 채권 투자를 생각해보는 것도 좋은 방법이다. 채권 투자는 금융 자산의 포트폴리오를 풍요롭게 해준다. 주식의 불안정성을 채권의 안정성으로 보정할 수 있다. 채권 투자의 장점으로는 원금 상환 보장, 안정성, 정기적 수입 등을 들 수 있는데, 나아가 채권 투자를 하다 보면 전체적인 경기 흐름을 알 수 있다. 채권 수익률에는 미래의 경제성장률과 물가 상승률이 들어가 있기 때문이다.

세상에 완전무결한 포트폴리오는 없다. 우리의 미래는 생각하는 것보다 빨리 올 것이다. 우리는 대비해야 한다. 난 재정적 자유를 원하는 사람이라면 매일 아침 종류와 관계없이 경제신문 1부는 꼭 읽어야 한다고 생각한다. 경제에 대한 단기적인 안목과 장기적인 관점을 갖추려면 경제신문과 경제지만 한 게 없어서다.

그럼에도 경제지보다 증권 찌라시를 더 찾는 고객들을 보면 안타까움을 넘어 화가 날 때도 있다. 경제지를 읽고 경제 흐름과 동

향을 알지 못하면, 요령要領이 아닌 요행僥倖을 바라는 것이며 투자
投資가 아닌 투기投機를 하는 셈이다.

우리는 거시경제를 기반으로 의사 결정을 해야 하며 이를 통해
미래에 투자해야 한다. 그래야 안방에 앉아서 세계 경제를 아우
를 수 있다. 난 아들에게 경제 이론만 아니라 '경제사'를 공부하라
고 한다. 경제학은 우울한 학문이다. 어쩌면 경제학은 수천 년 흘
러온 돈에 관한 이야기면서 인간에 대한 이해의 학문일 것이다.

여기에 사람 냄새를 더할 수 있는 공부가 역사다. 역사는 늘 반
복되므로 온고지신의 마음으로 과거를 공부하다 보면 미래를 조
망할 안목을 얻을 수 있다. 사색思索하지 않는 판단은 어김없이 얼
굴을 사색死色으로 만든다는 점을 꼭 명심하자.

# 36

# 프로로 산다는 것

· · ·

프로는 자신에게 붙이는 라벨이 아니라
다른 사람이 당신에게 붙여주기를 바라는 묘사다.

— 데이비드 마이스터 —

'프로'로 살 것인가 '포로'로 살 것인가. 지금까지 20권 정도 책
을 썼는데, 그중에서 첫 책이었던 《프로로 산다는 것》은 아직까지
도 내게 큰 의미로 남아 있다. 이 책을 쓴 동기를 이렇게 써놓았다.

이번 책이 많은 사람들, 특히 힘들어 당장 풀썩 주저앉고 싶은 사
람들에게 등 뒤의 작은 산들바람이라도 됐으면 하는 바람이다. 그
래서 조금 더 참고 나아가다 보면 환상이 희망이 되고 희망이 다
시 기대가 되는, 무엇인가 조금씩 눈앞의 현실이 되는 세상을 만

들어갔으면 한다. 그래서 나의 삶은 '희망의 진행형'이다.


　마라톤 풀코스 42.195km를 완주한 적이 있다. 목적지까지 2km 정도 남았는데 쓰러질 것만 같았다. 그때 가느다란 바람이 등 뒤를 밀어줘 끝까지 달릴 수 있었다. 집에 돌아오면서 바람의 의미를 생각해봤다. 그리고 책을 쓰기로 했다. 내가 살아온 이야기를 하면서 나보다 더 어려운 환경에 있는 사람들에게 '산들바람' 같은 희망을 주고 싶어서다.

　직업상 우리나라에서 투자나 사업으로 성공한 사람들을 많이 만났다. 그 사람들은 각 분야에서 '프로페셔널'로 살고 있다. 난 '프로'라는 단어를 가장 좋아한다. 프로는 정당한 이름이다.

　헤르만 헤세는 하늘에 떠 있는 구름 한 조각이나 시냇가의 조약돌 하나도 의미가 있다고 했다. 하물며 신이 인간을 지상에 보냈을 때 특별한 능력 하나는 줬을 것이다. 그 능력을 최대한 발휘하는 사람들을 난 '프로'라고 부른다. 프로는 직업과 관계없이 모든 분야에 존재한다. 프로로 살다 보면 명성을 알릴 수 있고 자연스럽게 부가 뒤따른다.

　한 분야에서 성공해 재정적 안정을 이룬 사람들은 각 분야에 프로일 뿐 아니라 또 하나의 공통이 있다. 한결같이 그들은 돈을 쫓는 사람이 아니라 사람을 쫓는 사람들이다. 그들은 자신들이 만난 사람 한 명 한 명을 중요하게 생각하고, 때로 전문가의 고견에 귀를 기울이며, 자신의 이익보다 상호 이익에 더 관심이 있다.

그들은 사업과 큰 상관없어 보이는 책들을 항상 가까이 두고 읽는 루틴이 있다. 하루가 25시간이 있는 것처럼 바쁜 와중에도 책에 굉장한 욕심을 보인다. 골프 구력이나 주름살 없는 얼굴, 주량 따위를 자랑하지 않는다. 도리어 베스트셀러를 사놓고 바빠서 미처 읽지 못하는 자신을 부끄러워한다.


## MZ세대 친구에게 배우는 인생

대학에서 제자들을 가르치는 선생이다 보니 요즘 젊은 학생들의 고민을 들여다볼 기회가 생긴다. 사제의 인연은 끈끈한 정으로 연결돼 개중에는 가끔 졸업한 후에도 인생의 대소사를 겪을 때마다 연락하거나 찾아오는 제자들이 있다. 그중에 강렬한 기억으로 남은 제자가 있는데, 혜림이라는 친구다. 혜림이는 나와 함께 유튜브도 찍었다.

하루는 오후 시간에 갑자기 혜림이가 내 연구실을 찾아왔다. 국내 굴지의 대기업에 합격해서 내일부터 출근해야 하는데, 그다음 날 삼성전자 면접이 남아 있다는 것이다. 그냥 지금 회사에 다니자니 삼성전자가 어른거려서 어떻게 해야 할지 도무지 모르겠다며 상담을 청해온 것이다.

대화 중에 혜림이는 "붙든 떨어지든 삼성전자 면접을 안 보고 넘어가면 평생 후회할 것 같아요"라는 말을 여러 번 했다. 난 떨어져도 후회가 없도록 삼성전자 면접장에 가라고 조언해줬다. 그리고 입사 면접 당일에 잊지 않고 합격을 기원하며 카카오톡도 보내줬다.

그날 오후 늦게 혜림이가 카카오톡으로 연락해왔다. 격려 문자에 눈물이 났다고, 잘 마쳤으니 겸허히 결과를 기다리겠다고 했다. 일주일 뒤, 근심 어린 표정은 어디로 가고 삼성전자 국제영업부에 입사하게 됐다며 환하게 웃는 혜림이를 다시 보게 됐다.

난 기회가 있을 때마다 제자들에게 대기업이나 큰 조직에 너무 일찍 들어가지 말라고 조언한다. 그렇게 큰 조직에 들어가면 거대한 기계에 작은 부품처럼 일사분란하게 돌아가는 사내 문화에 함몰돼 위에서 시키는 일만 하게 된다는 게 내 지론이다. 도리어 젊을 때는 조그마한 기업, 내 잠재력을 마음껏 키울 수 있는 회사에 가는 게 낫다. 이 얘기는 미국에서 유학 중인 아들에게도 하는 조언이다.

내가 창조적으로 일할 수 있는 곳, 내가 일의 처음과 끝을 모두 해볼 수 있는 회사, 일이 계획대로 되든 예상과 달리 틀어지든 그 결과를 오롯이 내 것으로 받아들일 수 있는 기업은 대학을 졸업하고 처음 인력 시장에 진입하는 사회초년생에게 그 무엇으로도 채워줄 수 없는 귀중한 경험을 선사한다. 이는 내 경험에서 우러

나온 조언이기도 하다.

혜림이가 그랬다. 2년이 지나고 혜림이는 다시 어두운 얼굴로 내 연구실을 찾았다. 회사가 재미없다는 거였다. "교수님 말대로 위에서 시키는 일만 해서 재미가 없다"는 게 이유였다. 그렇게 고민하고 갈등하다가 어렵사리 들어간 대기업을 고작 2년 만에 때려치운다고 하니 어느 부모가 선뜻 동의하겠는가. 나조차 다시 생각해보라며 말리고 싶은 심정이었다.

그런데 혜림이는 요지부동이었다. 기어코 삼성전자를 나와 조그마한 금융 캐피탈 벤처기업에 들어갔다. 그 선택은 제자의 삶을 완전히 바꿔놓았다. 일의 만족도도 높고 무엇보다 혜림이가 즐겁게 일할 수 있는 곳이었다. 지금도 그 회사를 열심히 다니고 있는 제자를 보며 내 젊은 시절이 떠올랐다.


## 한 번뿐인 삶, 한 번뿐인 선택

난 지금도 문학을 사랑한다. 공부할 시간을 쪼개 틈틈이 읽었던 소설은 어린 문학 소년의 마음에 별을 달아줬다. 특히 헤르만 헤세의 《데미안》이나 《유리알 유희》는 가장 사랑하는 작품이다.

어려운 환경에서 기적처럼 들어간 대학에서도 영문학을 전공하고 싶었다. 이 글을 쓰는 지금도 잠시 자판을 두들기는 손을 멈추고 연구실을 두른 책장을 둘러보면 소설책과 수필집이 여러 권 눈에 띈다. 책등을 보면 다시 꺼내 읽고 싶어 애써 외면할 때도 있다. 오늘 안으로 끝내야 할 보고서가 급해서다. 그러면서도 언젠가 나도 소설책을 쓸 수 있겠지 하며 주문을 걸어본다.

시인의 감성은 말랑말랑하다. 소설가는 찾아온 사랑을 노래하고 낭비되는 청춘을 애달파한다. 같은 삶이면 난 문학가의 기질대로 살고 싶다. 영혼이 속삭이는 밀어를 건져 올리고 마음이 적어주는 운율에 가사를 달아주고 싶다.

하지만 생의 기로에 서서는 정반대의 길을 택했다. 감정은 철저하게 배제돼야 하고, 머리는 1mm 오차도 허락하지 않는 투자 전략가가 돼야 했다. 경제와 산업, 기업과 투자에 대한 모든 정보를 종합해 최적의 전략을 제시하는 스트래티지스트 길을 걸어야 했다. 그래서 로버트 프루스트의 시 〈가지 않은 길〉에서처럼 숲속에 난 두 갈래 길 중에 사람의 발길이 닿지 않은 오솔길을 택했고, 그로 인해 모든 것이 달라졌음을 고백한다.

어떤 분야에서 최고가 되는 것, 프로로 산다는 건 결코 쉬운 일이 아니다. 증권 시장에서 스트래티지스트와 이코노미스트로 살아온 내 여정도 쉽지 않았다. 다른 애널리스트처럼 나 역시 힘들어서 그만두고 싶을 때가 한두 번이 아니었다. 때로는 자신 있게 내놓은 전망치를 보기 좋게 빗나간 차트를 들여다보는 것조차 힘들 때가 있다. 이 업계가 그런 편이다.

한시도 쉬지 않고 계속되는 압박감과 스트레스를 견디다 못해 퇴사하는 이들이 지금도 적지 않다. 예측이 맞을 때는 '족집게'라며 칭찬해주다가도 한 번 틀리면 욕을 바가지로 먹는 게 이 세계의 룰이니 때로 맨정신으로 버티는 게 스스로 용할 정도다.

비난을 듣는다고 해서, 아니면 정신적으로 힘들다고 해서 그럴 때마다 그만두었더라면 지금의 김영익은 없을 것이다. 정말 주저 앉고 포기하고 싶을 때 다시 일어서서 한 걸음을 내디디는 것, 그 것이 프로 애널리스트의 길일지 모른다.

대학원에서 제자들을 가르치며 프로의 삶을 종종 등산에 비유한다. 끝까지 걸어야 정상에 오른다는 단순한 진리를 배울 수 있어서다. 《대학》에 "진실로 날마다 새로워지려면, 하루하루를 새롭게 하고, 다시 하루를 새롭게 하라苟日新 日日新 又日新"는 말이 있다.

무엇보다 냉엄한 시장을 뚫고 굳건한 자산화에 성공한 이들은 자신에게 닥친 변화에 매우 유연하게 대처한다. 이전의 사고방식을 무턱대고 고집하지 않고 물 흐르듯 시대의 변화에 자연스레 몸을 맡긴다. 그렇다고 그들이 보여준 유연함과 변화의 삶이 그 저 시류에 휩쓸리고 목적지도 모른 채 정처 없이 떠내려가는 종이배와 같은 건 아니다. 도리어 높은 파고에 침몰하지 않고 매번 바뀌는 물줄기를 올라타서 서핑을 즐긴다. 부의 거울이 그동안 내게 가르쳐준 지혜다.

# 부의 거울로 인생을 배우며 삶을 기록하기를

• • •

그대는 신적 아름다움을 보여주는

거울이다.

— 루미 —

내가 모 증권사 센터장으로 있을 때 일이다. 데리고 있던 한 애널리스트에게 거시경제와 지표분석에 대한 기본적인 지식이 필요한 이유를 설명해줬다. 연차가 꽤 있어 연봉은 남들보다 많이 받고 있었지만 관찰해보니 새로운 정보를 습득하고 공부하는 데 인색하다고 판단한 직원이었다.

조심스럽게 본인이 원한다면 내 노하우를 차근차근 전수해주겠노라고, 함께 공부해보자고 했다. 내가 쓰던 부의 거울을 흔쾌히 보여주겠다는 제안이었다. 비록 지금까지 단기 예측을 맞히면서 잘 버텨왔지만, 장기적으로 시장 전체의 국면을 볼 수 있는 부의 거울이 없다면 한쪽 눈을 가리고 사물을 보는 것처럼 정확도가 떨어질 게 뻔하기 때문이다. 구성원 1명이 실기할 때 자칫 조직에 피해를 줄 수 있어 팀 전체의 경쟁력을 끌어올려야 하는 책임 또한 센터장인 내게 있다고 여겼다.

자존심 때문인지, 게으름 탓인지 그 직원은 내 제안을 거절했다. 아쉽기는 했지만, 당시 팀 내 에이스였던 그의 의견을 존중하기로 했다. 아무리 잘 차려진 정찬도 본인이 먹기를 거부한다면 억지로 입에 밀어 넣을 수는 없는 노릇이다.

얼마 안 가서 그는 회사도 옮겨버렸다. 자신이 몸담았던 조직과 라이벌 관계에 있던 경쟁사로 거액의 연봉을 약속받고 스카우트된 것이다. 남들보다 연봉도 많이 주고 팀 내 최고 대우를 해줬기에 개인적으로 섭섭한 마음이 들었지만 애써 잡지 않았다.

이 세계가 그렇다. 연봉은 팀 내 서열이자 곧 자기 능력을 인정받는 바로미터로 직결된다. 나 역시 누구보다 그러한 업계의 속성을 잘 알고 있어 떠나는 그에게 무운을 빌어줄 수밖에 없었다.

남다른 수준의 달변에다가 순발력까지 뛰어났던 그는 이후 여러 번 위기가 있었지만 잘 버티는 듯했다. 그러던 어느 날, 그가 예고 없이 날 찾아왔다. 한동안 서로 안부를 묻고 겹치는 지인의 소식을 전하며 오랜만에 추억에 빠져들었다. 그렇게 뜸을 들이더니 본격적으로 옮겨간 회사에서 처한 자신의 상황을 털어놓았다. 그러면서 "그때 제가 센터장님 밑에서 통계 공부를 안 한 게 너무 후회스럽습니다"라고 고백했다.

워낙 스마트해서 보고서도 잘 쓰고 발표도 잘하는 친구였다. 그런 그도 각종 지표를 분석하고 상이한 통계가 서로 갈마드는 과정을 정확하게 이해하지 못해 헛발질을 연발하고 있었다. "늦었지만 지금이라도 배울 수 있을까요?"

난 누구든 배움을 청하는 건 위대한 겸손함이라고 생각한다. 나도 끊임없이 공부한다. 나이와 지위를 불문하고 필요하다면 지금도 전문가를 찾아 부지런히 묻고 배운다. 공부하면 할수록 모르는 게 많아서 좌절한다. 그 좌절을 통해 한 단계 도약할 수 있다. 내게 부족한 1%를 채울 수 있어서다.

그 역시 한 번의 도약을 위해 자존심을 내려놓고 그날 내게 배움을 청한 것이다. 그렇게 그 자리에서 개인 과외가 시작됐다. 워낙 똑똑했던 친구라 금세 부의 거울을 받아들이고 자기 것으로 만들었다. 가벼운 발걸음으로 돌아가던 그의 뒷모습이 아직도 기억난다.

지금은 은퇴했지만, 이후 그는 우리나라에서 연봉을 가장 많이 받는 애널리스트 가운데 한 명이 됐다. 그와 개인 과외를 하면서 나눈 내용이 지금 독자가 읽고 있는 이 책이다. 부의 거울은 시장을 바라보는 눈을 바꿔준다.

이슬람의 신비주의자 루미는 우리가 모두 각기 신의 질서와 아름다움을 반영하는 거울이라고 했다. 생김새도 성격도 모두 다른 다양한 사람처럼 세상에는 여러 가지 거울이 존재한다. 크기도 용도도 각양각색이다. 전신거울도 있고, 손거울도 있다. 색거울, 볼록거울, 오목거울, 용도와 기능에 따라 종류도 천차만별이다. 세상에 70억 명이 있다면 거울이 70억 개 있다고 할 것이다.

난 부의 거울을 통해 경제를 터득하고 인생을 배우며 삶을 기록하기를 원한다. 책을 마무리하며 내 거울을 통해 얼마나 세상에 아름다운 것들을 비추고 살아갈까를 생각한다. 금융 민주주의를 꿈꾸며.

# 부의 거울

**1판 1쇄 인쇄** | 2024년 11월 20일
**1판 1쇄 발행** | 2024년 11월 27일

**지은이** 김영익
**펴낸이** 김기옥

**경제경영팀장** 모민원
**기획 편집** 변호이, 박지선
**마케팅** 박진모
**경영지원** 고광현
**제작** 김형식

**본문 디자인** 푸른나무디자인
**표지 디자인** 블루노머스
**인쇄 · 제본** 민언프린텍

**펴낸곳** 한스미디어(한즈미디어(주))
**주소** 04037 서울시 마포구 양화로 11길 13(서교동, 강원빌딩 5층)
**전화** 02-707-0337 | **팩스** 02-707-0198 | **홈페이지** www.hansmedia.com
**출판신고번호** 제 313-2003-227호 | **신고일자** 2003년 6월 25일

ISBN 979-11-93712-64-1 (13320)